k 12/15

HISTOIRE

PHILOSOPHIQUE ET POLITIQUE

DES

ISLES FRANÇOISES

DANS

LES INDES OCCIDENTALES.

A LAUSANNE,

Chez J. PIERRE HEUBACH & Comp.

———

M. DCC. LXXXIV.

HISTOIRE
PHILOSOPHIQUE ET POLITIQUE

DES

ISLES FRANÇOISES

DANS

LES INDES OCCIDENTALES.

A LAUSANNE,
Chez J. PIERRE HEUBACH & Comp.

M. DCC. LXXXIV.

AVERTISSEMENT.

„ L'Histoire Philosophique & Politique
„ des Etablissemens & du Commerce des Eu-
„ ropéens dans les deux Indes, par Mr. l'Ab-
„ bé Raynal, est certainement, dit un Au-
„ teur Anglois, un des plus beaux ouvrages
„ qui aient paru depuis la renaissance des
„ Lettres, & peut-être le plus instructif de
„ ceux que nous connoissons. C'est une pro-
„ duction dont on n'avoit point de modele ;
„ & qui pourra bien en servir un jour ".

C'est parce que nous pensons comme cet Anglois sage, que nous avons détaché cette Histoire du vaste Tableau que présente l'Ouvrage qu'il fait apprécier. Là elle frappoit moins, parce qu'elle n'y étoit pas seule. C'est ainsi qu'on en a détaché l'Histoire de la Révolution des Etats-Unis de l'Amérique, & nous aurons lieu d'être contens, si celle-ci a le même succès.

On n'a point encore d'Histoire des Colonies Françoises en Amérique ; on n'en a pas du moins où ce sujet soit traité, comme il mérite de l'être. Cependant ce sujet intéressant par lui-même, l'eft devenu plus encore par les circonftances. Cette confidération nous a décidé à offrir au public cette partie du magnifique ouvrage de Mr. Raynal, & nous y avons joint *Tabago*, Ifle nouvellement acquife à la France par la paix. Cette partie eft & fera longtems ce que nous avons de mieux en ce genre. On pourra faire de ces Colonies un tableau plus étendu; mais il ne pourra être, ni plus vrai, ni mieux ordonné : il ne pourra jamais être lu avec plus de plaifir.

Par fa fituation, par fes nombreufes relations, l'Auteur a pu puifer dans les fources les plus fûres : par elles, il tenoit à tous les hommes publics honnêtes qui favoient apprécier & fes vertus & fes talens, & il n'afpiroit à rien. Sans doute, il ne nous blâmera point d'avoir exécuté un projet qui concourt à fes vues bienfaifantes. Il a voulu fixer l'attention fur le mal qu'on avoit fait, & fur le bien qui reftoit à faire. En ifolant fes tableaux, on les rend plus frappans & plus utiles; c'eft donc approcher du but qu'il s'eft propofé, & le remplir auffi bien qu'il peut l'être.

HISTOIRE

Plus les questions proposées par les Académies sont intéressantes, plus on desire qu'elles soient répandues: un plus grand nombre d'hommes éclairés s'en occupent; les objets sont plus sûrement envisagés sous leurs différentes faces; la vérité est mieux connue; les Juges ont plus de choix, & l'Auteur couronné plus de gloire. Tels sont nos motifs pour placer ici l'énoncé des questions proposées par M. l'Abbé Raynal dans les Académies de Lyon & de Berlin.

On sait que cet homme célèbre joint aux talens littéraires, que personne ne lui conteste, une bienfaisance qui s'étend fort loin. Pour ne parler que de ce qui a trait aux sciences, nous copierons ici le programme de l'Académie des sciences, belles-lettres & arts de Lyon.

Sujets des Prix proposés.

" M. l'Abbé Raynal, après avoir éclairé
" les hommes par ses écrits, a voulu leur
" procurer encore de nouvelles lumieres,
" en excitant l'émulation. Associé aux tra-
" vaux de l'Académie de Lyon, il a proposé

,, à cette Compagnie d'annoncer deux fu-
,, jets de prix, dont il a fait les fonds; l'un
,, de 600 liv. *relatif à la prospérité des Ma-*
,, *nufactures de cette ville;* l'autre de 1200
,, livres, *concernant la découverte de l'Amé-*
,, *rique,* pour être distribués par elle, aux Au-
,, teurs qu'elle jugera avoir le mieux rem-
,, pli les vues du programme. L'Académie
,, a accepté cette offre avec reconnoissance,
,, & s'empresse de publier les deux sujets. "

Pour l'Année 1782, l'Académie demande:

Quels ont été les principes qui ont fait prospérer les Manufactures qui distinguent la ville de Lyon?

Quelles sont les causes qui peuvent leur nuire?

Quels sont les moyens d'en maintenir & d'en assurer la prospérité?

En 1783, ces Juges séveres ont renvoyé le tems de la distribution des prix, & voici comme ils en donnent les raisons.

,, L'Académie a reçu en 1782 deux mé-
,, moires considérables sur ce sujet; mais elle

„ le continue à l'année 1784, dans l'espé-
„ rance de le voir encore plus approfondi.
„ La partie historique lui a paru éclaircie ;
„ elle demande plus de recherches & de
„ preuves dans les deux autres, sur-tout
„ dans les *moyens de maintenir & d'assurer*
„ *la prospérité des Manufactures.* "

POUR L'ANNÉE 1783, L'ACADÉMIE PROPOSE LE SUJET QUI SUIT:

„ *La découverte de l'Amérique a-t-elle*
„ *été utile ou nuisible au genre humain ?*

„ *S'il en est résulté des biens, quels sont*
„ *les moyens de les conserver & de les*
„ *accroître ?*

„ *Si elle a produit des maux, quels*
„ *sont les moyens d'y remédier ?*

„ Le concours pour ce prix, qui étoit
„ de 1200 livres, a été nombreux, dit en-
„ core l'Académie: Seize mémoires ont été
„ admis: quelques-uns annoncent de la part
„ des Auteurs un travail proportionné à l'é-
„ tendue du sujet ; mais plus il intéresse l'hu-
„ manité, plus il exige de mérite dans ses

„ développemens, & en général, aucun
„ mémoire n'a paru fuffifamment remplir les
„ vues indiquées dans le problême, & dans
„ les trois grandes queftions qu'il préfente.
„ Cependant ce fujet eft trop beau & trop
„ intéreffant, pour ne pas efpérer, qu'en
„ donnant plus de tems aux Auteurs, il ne
„ faffe éclore quelque ouvrage fatisfaifant.

„ L'Académie s'eft décidée, par ces con-
„ fidérations, à l'annoncer de nouveau, à
„ proroger le terme fixé pour la diftribution
„ du prix, & à le renvoyer à l'année 1785.

„ Les Auteurs s'occuperont, fur-tout des
„ deux dernieres queftions, dont la folution,
„ quoique la plus importante, paroît avoir
„ été la plus négligée. L'Académie invite
„ ceux qui prétendent au prix, à ne fe per-
„ mettre dans leurs ouvrages, aucune affer-
„ tion, qui foit dans le cas, lors de leur publi-
„ cation, de compromettre leurs Auteurs,
„ & le corps littéraire qui les couronneroit.

„ On ne recevra au concours que les dif-
„ cours ou mémoires, qui feront envoyés
„ avant le 1 Mars 1785 : le terme eft de
„ rigueur.

„ Les Affociés à l'Académie font admis au

„ concours. Les Auteurs ne doivent se faire
„ connoître directement, ni indirectement:
„ ils mettront une devise à la tête de l'ouvra-
„ ge, & y joindront un billet cacheté qui
„ contiendra la même devise, leur nom &
„ le lieu de leur résidence. Les paquets se-
„ ront adressés francs de ports à Lyon, à
„ M. *La Tourette, ancien Conseiller à la*
„ *Cour des Monnoies, Secretaire perpétuel*
„ *pour la Classe des Sciences, rue Boissac;*
„ *ou à M. de Bory, ancien Commandant de*
„ *Pierre-Scize, Secretaire perpétuel pour*
„ *la Classe des Belles-Lettres, rue Boissac;*
„ *ou chez Aimé de la Roche, Imprimeur &*
„ *Libraire de l'Académie, maison des Halles*
„ *de la Grenette.*
„ Les Mémoires seront écrits en latin ou
„ en françois. "

Programme de l'Académie Royale des Scien-
ces & Belles-Lettres de Berlin.

" M. l'Abbé Raynal a proposé à l'Acadé-
„ mie d'annoncer le sujet d'un prix dont il a
„ fait les fonds, & l'Académie y a consenti.
„ Voici l'énoncé de la question :

Quels sont les devoirs d'un Historien, & quels doivent être ses talens ?

Quels sont les Historiens anciens & modernes, qui ont rempli avec le plus de succès leurs obligations ?

Les Historiens modernes ont-ils plus ou moins de difficultés à surmonter que n'en eurent les anciens Historiens ?

„ Le prix sera une médaille de 52 Fréde-
„ rics-d'or, valant environ 1040 liv. tour-
„ nois. Toutes personnes peuvent concourir
„ pour ce prix, excepté les membres ordi-
„ naires de l'Académie. Les mémoires seront
„ écrits en françois, en latin, en anglois, en
„ allemand ou en italien, au choix de l'Au-
„ teur, & auront l'étendue qu'il voudra. "

„ Les conditions sont les mêmes que
„ celles imposées par l'Académie de Lyon.
„ Les paquets doivent être adressés, francs
„ de port à *M. Formey, Conseiller Privé
„ du Roi, Secretaire perpétuel de l'Acadé-
„ mie à Berlin*, & ne seront reçus au con-
„ cours que jusqu'au 31 Décembre 1784.
„ La proclamation du prix se fera dans la
„ Séance publique du 31 Mai 1785."

TABLE DES INDICATIONS.

I. Considérations générales sur l'établissement des colonies. . . . Page 1
II. Premieres expéditions des François aux Isles de l'Amérique. 5
III. Les Isles Françoises languissent longtems sous des privileges exclusifs. . 6
IV. Les Isles Françoises recouvrent la liberté. Obstacles qui s'opposent encore à leurs progrès. 13
V. Mesures prises par la cour de Versailles pour rendre ses colonies utiles. . . 21
VI. Notions sur la Guyane. Motifs qu'avoient les Européens pour la fréquenter & la parcourir. 24
VII. Les François s'établissent dans la Guyane & y languissent pendant un siecle. . 27
VIII. La cour de Versailles se propose de rendre la Guyane florissante. Ce projet avoit-il été judicieusement conçu ? fut-il sagement exécuté ? 32
IX. Idée qu'il faut se former des côtes & du sol de la Guyane. 46
X. Quels bras pourra-t-on destiner aux cultures dont la Guyane est susceptible ? . . 53
XI. Avant de jetter des capitaux dans la Guyane, il convient d'examiner si la co-

lonie est bien organisée ; il en faut régler les
limites. 58
XII. Etat actuel de la Guyane Françoise. 62.
XIII. Après de longues discussions entre les
cours de Londres & de Versailles, Sainte-
Lucie reste à la France. 65
XIV. Premieres opérations de la France à
Sainte-Lucie. 71
XV. Quelle opinion faut-il avoir de Sainte-
Lucie ? 74
XVI. Etat actuel de la colonie de Sainte-
Lucie. 76
XVII. Obstacles qui se sont opposés aux progrès de Sainte-Lucie. 79
XVIII. Moyens que la cour de Versailles se
propose pour mettre Sainte-Lucie à l'abri
de l'invasion. 81
XIX. Les François s'établissent à la Martinique sur les ruines des Caraïbes. . . 86
XX. Premiers travaux des François à la
Martinique. 89
XXI. La Martinique jette un grand éclat.
Causes de cette prospérité ? . . . 94
XXII. Maniere dont se faisoit le commerce à
la Martinique. 97
XXIII. La Martinique décheoit : causes de
cette décadence. 106
XXIV Etat actuel de la Martinique. . 113
XXV. La Martinique peut-elle espérer de
voir améliorer sa condition ? . . . 115
XXVI. La Martinique peut-elle être conquise ? 120

XXVII. *Les François envahissent la Guadeloupe. Calamités qu'ils y éprouvent.* 126
XXVIII. *La Guadeloupe sort peu-à-peu de la misere; mais ne devient une colonie florissante qu'après avoir été conquise par l'Angleterre.* 129
XXIX. *Variations du Ministere François dans le Gouvernement de la Guadeloupe.* 133
XXX. *Quelles sont les dépendances de la Guadeloupe.* 138
XXXI. *Situation actuelle de la Guadeloupe & des petites isles qui lui sont soumises.* 141
XXXII. *Mesures prises par la France pour préserver la Guadeloupe de l'invasion.* 148
XXXIII. *Courte description de l'Isle Saint-Domingue.* 153
XXXIV. *Des vagabonds François se refugient à Saint-Domingue.* 154
XXXV. *La cour de Versailles avoue ces hommes entreprenans lorsque leur situation a pris de la stabilité, & leur donne un Gouverneur.* 159
XXXVI. *Le ministere forme une compagnie pour la partie du Sud de Saint-Domingue.* 171
XXXVII. *Malgré les calamités qu'elle éprouve, la colonie de Saint-Domingue devient le plus bel établissement du Nouveau-Monde.* 173
XXXVIII. *Etablissemens formés dans la partie du Sud de Saint-Domingue.* 179

XXXIX. *Moyens qui pourroient améliorer les cultures dans le Sud de la colonie.* 192

XL. *Etabliſſemens formés dans l'Oueſt de Saint-Domingue.* 194

XLI. *Réflexions ſur le peu d'intérêt que les métropoles & les colonies prennent les unes aux autres.* 205

XLII. *Etabliſſemens formés au Nord de Saint-Domingue.* 208

XLIII. *Grande importance de la ville du Cap François ſituée ſur la côte du Nord de Saint-Domingue.* 212

XLIV. *Nature & qualité des productions que la France reçoit annuellement de la colonie de Saint-Domingue.* . . . 218

XLV. *Liaiſons de Saint-Domingue avec les Nations étrangeres.* 226

XLVI. *Les liaiſons de la France avec Saint-Domingue deviennent dangereuſes pendant la guerre. Pourquoi ?* 228

XLVII. *La partie de Saint-Domingue occupée par les François peut être attaquée par les Eſpagnols qui en poſſedent l'autre partie.* 231

XLVIII. *Les limites entre l'Eſpagne & la France ont-elles été judicieuſement fixées à Saint-Domingue.* 236

XLIX. *Moyens qu'a la partie Françoiſe de Saint-Domingue pour ſe garantir d'une invaſion étrangere.* 240

L. *Le droit de propriété eſt-il bien établi dans les Iſles Françoiſes ?* 254

LI. *Les impôts sont-ils convenablement assis dans les Isles Françoises?* 259
LII. *Les milices sont-elles bien ordonnées dans les Isles Françoises?* 272
LIII. *Le partage des héritages est-il utilement réglé dans les Isles Françoises?* 278
LIV. *A-t-on pourvu sagement au paiement des dettes contractées par les Isles Françoises?* 285
LV. *La métropole, en obligeant ses Isles à ne livrer qu'à elle leurs productions, en a-t-elle suffisamment assuré l'extraction?* . 298
LVI. *L'autorité aux Isles Françoises est-elle dans les mains les plus propres à les faire prospérer.* 308
LVII. *Changemens qu'il conviendroit de faire dans l'administration des Isles Françoises.* 317
LVIII. *La France peut-elle avoir une marine militaire? Lui convient-il de l'avoir? Mesures qu'elle doit prendre pour l'avoir.* 327
LIX. *L'Isle de Tabago qui occasionna de grands combats entre les Hollandois & les François devient une possession Britannique.* 345
LX. *Plan de défrichement les Isles d'Amérique.* 350
LXI. *Malheurs arrivés aux Anglois à Tabago pour s'être écartés des maximes que nous venons de tracer.* 354

ERRATA.

Page 17. *ligne* 3. La claſſe de l'Amérique, *liſez* la caſſe de l'Amérique.

Page 124. *ligne* 5. Qui augmente la population, *liſez* qui augmentent la population.

Page 134. *ligne* 22. Sans conſidérations, *liſez* ſans conſidération.

Page 155. *ligne* 1. Ils voient ſe ménager, *liſez* ils devoient ſe ménager.

Page 156. *ligne* 12. Sans laiſſer de cargaiſon, *liſez* ſans laiſſer de garniſon.

Page 164. *ligne* 22. A faire connoître, *liſez* à faire reconnoître.

Page 176. *ligne* 15 La ſtupidité des gouverneurs, *liſez* la ſtupidité des gouvernemens.

Page 177. *ligne* 19. Sous les remedes, *liſez* ſans les remedes.

Page 184. *ligne* 19. Devoit, *liſez* devroit.

Page 195. *ligne* 11. Ce petit Goave, *liſez* Le petit Goave.

Page 208. *ligne* 2. Suppoſer, *liſez* ſupporter.

Page 208. *ligne* 21. Pour elle, *liſez* pour elles.

Page 236. *ligne* 6. Que toute l'Europe, *liſez* que ſi l'Europe.

Page 252. *ligne* 22. & de latoniers, *liſez* & de lataniers.

Page 275. *ligne* 22. Quoique révoltée, *liſez* quoique révoltées.

Page 278. *ligne* 20. Punis comme un crime, *liſez* punis comme d'un crime.

Page 295. *ligne* 26. Faire ſans délai, *liſez* faire vendre ſans délai.

Page 309. *ligne* 17. De rapines, *liſez* de rapine.

Page 311. *ligne* 5. Après avoir marchés, *liſez* après avoir marché.

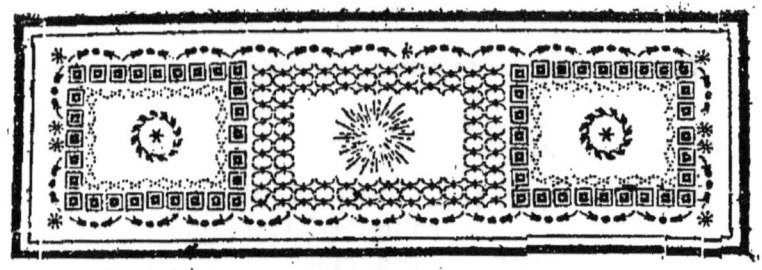

HISTOIRE
PHILOSOPHIQUE ET POLITIQUE

DES

ÉTABLISSEMENS ET DU COMMERCE

DES FRANÇOIS

DANS LES INDES OCCIDENTALES.

L'HISTOIRE ne nous entretient que de conquérans qui se sont occupés, au mépris du sang & du bonheur de leurs sujets, à étendre leur domination : mais elle ne nous présente l'exemple d'aucun souverain qui se soit avisé de la restreindre. L'un, cependant n'auroit-il pas été aussi sage que l'autre a été

I. Considérations générales sur l'établissement des colonies.

A

funeste ; & n'en seroit-il pas de l'étendue des empires ainsi que de la population ? Un grand empire & une grande population peuvent être deux grands maux. Peu d'hommes, mais heureux ; peu d'espace, mais bien gouverné. Le fort des petits états est de s'étendre ; celui des grands de se démembrer.

L'accroissement de puissance que la plupart des gouvernemens de l'Europe se sont promis de leurs possessions dans le Nouveau-Monde, m'occupe depuis trop long-tems, pour que je ne me sois pas demandé souvent à moi-même, pour que je n'aie pas demandé quelquefois à des hommes plus éclairés que moi, ce qu'on devoit penser d'établissemens formés à si grands frais & avec tant de travaux dans un autre hémisphère.

Notre véritable bonheur exige-t-il la jouissance des choses que nous allons chercher si loin ? Sommes-nous destinés à conserver éternellement des goûts aussi factices ? L'homme est-il né pour errer continuellement entre le ciel & les eaux ? Est-il un oiseau de passage, ou ressemble-t-il aux autres animaux, dont la plus grande excursion est très-limitée ? Ce qu'on retire des denrées peut-il compenser avec avantage la perte des citoyens qui s'éloignent de leur patrie pour être détruits, ou par les maladies qui les attaquent dans la traverſée, ou par le climat à leur arrivée? A des diſtances auſſi grandes, quelle peut être l'énergie des loix de la métropole ſur les ſujets, & l'obéiſſance des ſujets à ces loix ? L'éloignement des témoins & des juges de nos actions, ne doit-il pas amener la corruption des mœurs, & avec le tems le déclin des inſtitutions les plus ſages, lorſque les vertus & la juſtice, leurs baſes fondamentales, ne ſubſiſtent plus ? Par quel lien ſolide une poſſeſſion, dont un intervalle immenſe nous ſépare, nous fera-t-elle attachée ? L'individu, dont la vie ſe paſſe à voyager, a-t-il quelque eſprit de patriotiſme ; & de tant de contrées qu'il parcourt, en eſt-il une qu'il continue à regarder comme la ſienne ? Des colonies peuvent-elles s'intéreſſer à un certain point aux malheurs ou à la proſpérité de la métropole, & la métropole ſe réjouir ou s'affliger bien ſincérement ſur le ſort des colonies ? Les peuples ne ſe ſentent-ils pas un penchant violent à ſe gouverner eux-mêmes, ou à s'abandonner à la premiere puiſſance assez forte pour s'en emparer ? Les administrateurs qu'on leur envoie pour les gouverner ne sont-ils pas regardés comme des tyrans qu'on égorgeroit, sans le respect pour la personne qu'ils représentent ? Cet agrandissement n'est-il pas contre nature, & tout ce qui est contre nature ne doit-il pas finir ?

Seroit-ce un insensé que celui qui diroit aux nations : il faut ou que votre autorité cesse dans l'autre continent, ou que vous en fassiez le centre de votre empire ? Choisissez. Restez dans cette partie du monde ; faites prospérer la terre sur laquelle vous marchez, vous vivez ; ou si l'autre hémisphère vous offre plus de puissance, de force, de sûreté, de bonheur, allez vous y établir. Portez-y votre autorité ; vos armes, vos mœurs & vos loix y prospéreront. Y pensez-vous, lorsque vous voulez commander, être obéis où vous n'êtes pas, tandis que l'absence du chef n'est jamais sans fâcheuse conséquence dans l'enceinte étroite de sa famille ? On ne regne qu'où l'on est ; & encore n'est-ce pas une chose facile que d'y régner dignement. Pourquoi, ô souverain, avez-vous rassemblé de nombreuses armées au centre de votre royaume ? Pourquoi vos palais sont-ils environnés de gardes ? C'est que la menace toujours instante de vos voisins, la soumission de vos peuples & la sûreté de vos personnes sacrées exigent ces précautions. Qui vous répondra de la fidélité de vos sujets au loin ? Votre sceptre ne peut atteindre à des milliers de lieues, & vos vaisseaux ne peuvent y suppléer qu'imparfaitement. Voici l'arrêt que le destin a prononcé sur vos colonies. Ou vous renoncerez à elles, ou elles renonceront à vous. Songez que votre puissance cesse d'elle-même, sur la limite naturelle de vos états.

Ces idées, qui commencent à germer dans les esprits, les auroient révoltés au commencement du dix-septieme siecle. Tout étoit alors en fermentation dans la plupart des contrées de l'Europe. Les regards se tournoient généralement vers le Nouveau-Monde; & les François paroissoient aussi impatiens que les autres peuples d'y jouer un rôle.

Depuis la fin tragique du meilleur de ses monarques, cette nation avoit été sans cesse bouleversée par les caprices d'une reine intrigante, par les vexations d'un étranger avide, par les projets d'un favori sans talent. Un

II. Premieres expéditions des François aux isles de l'Amérique.

miniftre defpote commençoit à la charger de fers; lorfque quelques-uns de fes navigateurs, auffi puiffamment excités par la paffion de l'indépendance, que par l'appât des richeffes, tournèrent leurs voiles vers les Antilles, avec l'efpérance de fe rendre maîtres des vaiffeaux Efpagnols qui fréquentoient ces mers. La fortune, après avoir plufieurs fois fecondé leur courage, les réduifit à chercher un afyle pour fe radouber. Ils le trouverent à Saint-Chriftophe en 1625. Cette ifle leur parut propre au fuccès de leurs armemens; & ils fouhaiterent être autorifés à y former un établiffement. Denambuc, leur chef, obtint non-feulement cette liberté, mais encore celle de s'étendre autant qu'on le voudroit ou qu'on le pourroit, dans le grand archipel de l'Amérique. Le gouvernement exigea pour cette permiffion, qui n'étoit accompagnée d'aucun fecours, d'aucun appui, le dixieme des denrées qui arriveroient de toutes les colonies qu'on parviendroit à fonder.

III. Les ifles Françoifes languiffent long-tems fous des privileges excluffifs.

Une compagnie fe préfenta en 1626, pour exercer ce privilege. C'étoit l'ufage d'un tems où la navigation & le commerce n'avoient pas encore affez de vigueur pour être abandonnés à la liberté des particuliers. Elle obtint les plus grands droits. L'état lui abandonnoit pour vingt ans toutes les iſles qu'elle mettroit en valeur, & l'autoriſoit à ſe faire payer cent livres de tabac, ou cinquante livres de coton par chaque habitant depuis ſeize juſqu'à ſoixante ans. Elle devoit y jouir encore de l'avantage d'acheter & de vendre excluſivement. Un fonds qui ne fut d'abord que de 45,000 livres, & qu'on ne porta jamais au triple de cette ſomme, lui valut tous ces encouragemens.

Il ne paroiſſoit pas poſſible de rien faire d'utile avec des moyens ſi foibles. On vit cependant ſortir de Saint-Chriſtophe des eſſaims d'hommes hardis & entreprenans, qui arborerent le pavillon François dans les iſles voiſines. Si la compagnie qui excitoit l'eſprit d'invaſion par quelques privileges, eût eu, à tous égards, une conduite bien raiſonnée, l'état ne pouvoit tarder à tirer quelque fruit de cette inquiétude. Malheureuſement elle fit ce qu'a toujours fait, ce que fera toujours le monopole : l'ambition d'un gain exceſſif la rendit injuſte & cruelle.

Les Hollandois, avertis de cette tyrannie, ſe préſenterent avec des vivres & des marchandiſes, qu'ils offroient à des conditions infiniment plus modérées. On accepta leurs propofitions. Il fe forma dès-lors entre ces républicains & les colons, une liaifon dont il ne fut pas poffible de rompre le cours. Cette concurrence ne fut pas feulement fatale à la compagnie dans le Nouveau-Monde, où elle l'empêchoit de débiter fes cargaifons; elle la pourfuivit encore dans tous les marchés de l'Europe, où les interlopes donnoient toutes les productions des ifles Françoifes à plus bas prix. Découragés par ces revers mérités, les affociés tomberent dans une inaction entiere, qui les privoit de la plus grande partie de leurs bénéfices, fans diminuer de leurs charges. Dans leur défefpoir, ils abandonnerent, en 1631, leur octroi à une nouvelle compagnie, qui elle-même le céda à une autre en 1642. Inutilement, le miniftere facrifia à la derniere les droits qu'il s'étoit réfervés. Cette faveur ne pouvoit pas changer le mauvais efprit qui jufqu'alors avoit été un principe conftant de calamités. Une nouvelle révolution devint bientôt néceffaire. Pour éviter fa ruine totale, pour ne pas fuccomber fous le poids de fes engagemens, le corps épuifé mit fes poffeffions en vente. Elles furent achetées la plupart par ceux qui les conduisoient comme gouverneurs.

Boisseret obtint, en 1649, pour 73,000 livres, la Guadeloupe, Marie Galande, les Saints, & tous les effets qui appartenoient à la compagnie dans ces isles: il céda la moitié de son marché à Houel, son beau-frere. Du-parquet ne paya, en 1650, que 60,000 livres, la Martinique, Sainte-Lucie, la Grenade & les Grenadins: il revendit sept ans après au comte de Cerillac la Grenade & les Grenadins un tiers de plus que ne lui avoit couté son acquisition entiere. Malthe acquit en 1651, Saint-Christophe, Saint-Martin, Saint-Barthelemi, Sainte-Croix & la Tortue, pour 40,000 écus: ils furent payés par le commandeur de Poincy qui gouvernoit ces isles. La Religion devoit les posséder comme fiefs de la couronne, & n'en pouvoit confier l'administration qu'à des François.

Les nouveaux possesseurs jouirent de l'autorité la plus étendue. Ils disposoient des terreins. Les places civiles & militaires étoient toutes à leur nomination. Ils avoient droit de faire grace à ceux que leurs délégués condamnoient à mort. C'étoient de petits souverains. On devoit croire que régissant eux-mêmes leur domaine, l'agriculture y feroit des progrès rapides. Cette conjecture se réalisa à un certain point, malgré les émotions qui furent vives & fréquentes sous de tels maîtres. Cependant ce second état des colonies Françoises ne fut pas plus utile à la nation que le premier. Les Hollandois continuoient à les approvisionner, & à en emporter les productions, qu'ils vendoient indifféremment à tous les peuples, mème à celui qui, par la propriété, devoit en avoir tout le fruit.

Le mal étoit grand pour la métropole. Colbert se trompa sur le choix du remede. Ce grand homme qui conduisoit depuis quelque tems les finances & le commerce du royaume, s'étoit égaré dès les premiers pas de sa carriere. L'habitude de vivre avec des traitans, du tems de Mazarin, l'avoit accoutumé à regarder l'argent, qui n'est qu'un instrument de circulation, comme la source de toute création. Pour attirer celui de l'étranger, il n'imagina pas de plus puissant moyen que les manufactures. Il vit dans les atteliers toutes les ressources de l'état, & dans les artisans tous les sujets précieux de la monarchie. Pour multiplier cette espece d'hommes, il crut devoir tenir à bas prix les denrées de premiere nécessité, & rendre difficile l'exportation des grains. La production des matieres premieres l'occupa peu; & il appliqua tous ses soins à leur fabrication. Cette préférence donnée à l'industrie sur l'agriculture, subjugua tous les esprits; & ce système destructeur s'est malheureusement perpétué.

Si Colbert avoit eu des idées justes de l'exploitation des terres, des avances qu'elle exige, de la liberté qui lui est nécessaire; il auroit pris en 1664 un parti différent de celui qu'il adopta. On sait qu'il racheta la Guadeloupe & les isles qui en dépendoient; pour 125,000 livres; la Martinique pour 40,000 écus; la Grenade pour 100,000 livres; toutes les possessions de Malthe pour 500,000 livres. Jusque-là sa conduite étoit digne d'éloges: il devoit rejoindre au corps de l'état autant de branches de la souveraineté. Mais il ne falloit pas remettre ces importantes possessions sous le joug d'une compagnie exclusive, que l'expérience, d'accord avec les principes, proscrivoit également. Le ministere espéra vraisemblablement qu'une société dans laquelle on incorporoit celles d'Afrique, de Cayenne, de l'Amérique Septentrionale, & le commerce qui commençoit à se faire sur les côtes de Saint-Domingue, deviendroit une puissance inébranlable, par les grandes combinaisons qu'elle auroit occasion de faire, & par la facilité de réparer d'un côté les malheurs qu'elle pourroit essuyer d'un autre. On crut assurer ses hautes destinées en lui prêtant sans intérêt pour quatre ans, le dixième du montant de ses capitaux, en déchargeant de tous droits les denrées qu'elle porteroit dans ses établissemens, & en proscrivant autant qu'il seroit possible, la concurrence Hollandoise.

Malgré tant de faveurs, la compagnie n'eut pas un instant d'éclat. Ses fautes se multiplierent en proportion de l'étendue des concessions dont on l'avoit accablée. L'infidélité de ses agens, le désespoir des colons, les déprédations des guerres, d'autres causes porterent le plus grand désordre dans ses affaires. La chûte de cette société paroissoit assurée & prochaine en 1674; lorsque la cour jugea qu'il lui convenoit d'en payer les dettes qui montoient à 3,523,000 livres & de lui rembourser son capital, qui étoit de 1,287,185 livres. Ces conditions généreuses firent réunir à la masse de l'état des possessions précieuses qui lui avoient été jusqu'alors comme étrangères. Les colonies furent véritablement Françoises ; & tous les citoyens, sans distinction, eurent la liberté de s'y fixer, ou d'ouvrir des communications avec elles.

Il seroit difficile d'exprimer les transports de joie que cet événement excita dans les isles. Les fers sous lesquels on gémissoit depuis si long-tems étoient rompus ; & rien ne paroissoit désormais pouvoir ralentir l'activité du travail & de l'industrie. Chaque colon donnoit carrière à son ambition : chacun se flattoit d'une fortune prochaine & sans bornes. Si leur confiance fut trompée, il n'en faut accuser ni leur présomption, ni leur indolence. Leurs espérances n'avoient rien qui ne fut dans le cours naturel des choses ; & toute leur conduite tendoit à les justifier, à les affermir. Les préjugés de la métropole leur opposerent malheureusement des obstacles insurmontables.

I V.
Les isles Françoises recouvrent la liberté. Obstacles qui s'opposent encore à leurs progrès.

D'abord on exigea dans les isles mème, de chaque homme libre, de chaque esclave des deux sexes, une capitation annuelle de cent livres pesant de sucre brut. On représenta vainement que l'obligation imposée aux colonies de ne négocier qu'avec la patrie principale, étoit un impôt aſſez onéreux pour tenir lieu de tous les autres. Ces repréſentations ne firent pas l'impreſſion qu'elles méritoient. Soit beſoin, ſoit ignorance du gouvernement, des cultivateurs qu'il auroit fallu aider par des prêts ſans intérêt, par des gratifications, virent paſſer dans les mains de fermiers avides une portion de leurs récoltes, qui, reverſée dans des champs fertiles, auroit augmenté graduellement la reproduction.

Dans le tems que les iſles ſe voyoient ainſi dépouillées d'une partie de leurs denrées; l'eſprit d'excluſion prenoit en France des meſures certaines pour diminuer le prix de celles qu'on leur laiſſoit. Le privilege de les enlever fut concentré dans un petit nombre de ports. C'étoit un attentat manifeſte contre les rades du royaume, qu'on empêchoit de jouir d'un droit qu'elles avoient eſſentiellement; mais c'étoit un grand malheur pour les colonies, qui, par cet arrangement, voyoient diminuer ſur leurs côtes le nombre des vendeurs & des acheteurs.

A ce déſavantage s'en joignit bientôt un autre. Le miniſtere avoit cherché à exclure les vaisseaux étrangers de ses possessions éloignées, & il y avoit réussi, parce qu'il l'avoit voulu véritablement. Ces navigateurs obtinrent de l'avarice, ce que l'autorité leur refusoit. Ils acheterent aux négocians François des passeports pour aller aux colonies; & ils rapportoient directement dans leur patrie les chargemens qu'ils avoient pris. Cette infidélité pouvoit être punie & réprimée de cent manieres. On s'arrêta à la plus funeste. Tous les bâtimens se virent obligés, non-seulement de faire leur retour dans la métropole, mais encore dans les ports même d'où ils étoient partis. Une pareille gêne occasionnoit nécessairement des frais considérables en pure perte, elle devoit influer beaucoup sur le prix des productions de l'Amérique.

Leur multiplication fut encore arrêtée par les impositions dont on les surchargea.

Le tabac fut assujetti à un droit de 20 sols par livre.

On proscrivit d'abord l'indigo des teintures du royaume, sous prétexte qu'il les détérioroit & qu'il nuiroit à une des cultures de la métropole. Mais lorsque des expériences répétées eurent convaincu les plus opiniâtres que, mêlé avec le paſtel, ou même employé ſeul, il rendoit les couleurs plus belles & plus ſolides, on ſe contenta de l'accabler de taxes. Elles furent telles qu'il ne fut pas poſſible d'en exporter. Ce ne fut qu'en 1693, que celui qui étoit deſtiné pour l'étranger fut délivré de ces vexations.

Le cacao ne ſortit des mains du monopole que pour être aſſujetti en 1693 à un droit de 15 ſols la livre, quoiqu'elle n'en coutât que 5 dans les colonies. Son introduction dans le royaume ne fut d'abord permiſe que par Rouen & par Marſeille, & depuis ſa liberté prétendue que par ce dernier port.

Le coton qui avoit d'abord échappé aux rigueurs du fiſc, fut chargé en 1664 de 3 livres par cent peſant. Inutilement on réduiſit de moitié cette impoſition en 1691. Cette modification ne fit pas revivre les arbuſtes qu'on avoit extirpés.

La conſommation du gingembre qui a une partie des propriétés du poivre, & qui peut aiſément le remplacer, devoit être encouragée. On l'arrêta au moyen d'un droit de 6 livres par quintal. Il fut réduit dans la ſuite à 15 ſols: mais alors les dernieres claſſes de citoyens
avoient

avoient pris pour cette épicerie un mépris que rien ne put vaincre.

La claffe de l'Amérique n'étoit achetée en France que le quart de ce que coûtoit celle du Levant. Des analyfes bien faites auroient diffipé le préjugé d'où naiffoit cette énorme différence dans les prix : mais le gouvernement ne s'avifa jamais d'un expédient qui devoit augmenter les richeffes de fes poffeffions.

Le fucre étoit la plus riche production des ifles. Jufqu'en 1669, l'exportation directe dans tous les ports de l'Europe en avoit été permife, ainfi que celle de toutes les denrées des colonies. On voulut à cette époque qu'il ne pût être dépofé que dans les rades du royaume. Cet arrangement en augmentoit néceffairement le prix, & les étrangers qui le trouvoient ailleurs à meilleur marché, contractèrent l'habitude de l'y aller chercher. Cependant le parti qu'on prit de décharger le fucre de 3 pour cent qu'il avoit payés à fon entrée, fut caufe qu'on conferva quelques acheteurs. Une nouvelle faute acheva de tout perdre.

Les raffineurs demandèrent, en 1682, que la fortie des fucres bruts fût prohibée. L'intérêt public paroiffoit leur unique motif. Il

B

étoit, difoient-ils, contre tous les bons principes, que les matieres premieres allâffent alimenter les fabriques étrangeres, & que l'état fe privât volontairement d'une main-d'œuvre très-précieufe. Cette raifon plaufible fit trop d'impreffion fur Colbert. Qu'arriva-t-il ? Leur art refta auffi cher, auffi imparfait qu'il l'avoit toujours été. Les peuples confommateurs ne s'en accommoderent pas : la culture Françoife diminua, & celle des nations rivales reçut un accroiffement fenfible.

Quelques colons voyant qu'une expérience fi fatale ne faifoit pas abandonner le fyftème qu'on avoit pris, folliciterent la permiffion de raffiner leur fucre eux-mêmes. Ils avoient tant d'avantages pour faire cette opération à bon marché, qu'ils fe flattoient de recouvrer bientôt chez les étrangers la préférence qu'on y avoit perdue. Cette nouvelle révolution étoit plus que vraifemblable, fi chaque quintal de fucre raffiné qu'ils envoyoient, n'eût été affujetti à un droit de 8 livres à fon entrée dans le royaume. Tout ce qu'ils purent faire malgré le poids de cette impofition exceffive, ce fut de foutenir la concurrence des raffineurs François dans l'intérieur de la monarchie. Le produit des atteliers des uns & des autres y fut confommé tout entier; & l'on renonça à une branche importante de commerce, plutôt que de reconnoître qu'on s'étoit trompé en défendant l'exportation des fucres bruts.

Dès-lors, les colonies qui recueilloient vingt-fept millions pefant de fucre, ne purent pas le vendre en totalité à la métropole, qui n'en confommoit que vingt millions. Le défaut de débouchés en réduifit la culture au pur néceffaire. Ce niveau ne pouvoit s'établir qu'avec le tems; & avant qu'on y fût parvenu, la denrée tomba dans un aviliffement extrême. Cet aviliffement, qui provenoit auffi de la négligence qu'on apportoit dans la fabrication, devint fi confidérable, que le fucre brut qui en 1682 fe vendoit 14 ou 15 francs le cent, n'en valoit plus que 5 ou 6 en 1713.

Il n'étoit pas poffible que dans cet état de chofes, les colons puffent multiplier leurs efclaves, quand même le gouvernement n'y auroit pas mis des obftacles infurmontables par de fauffes vues. La traite des noirs fut toujours confiée à des compagnies exclufives qui en acheterent conftamment fort peu, pour être affurées de les mieux vendre. On eft fondé à avancer qu'en 1698, il n'y avoit pas vingt mille nègres dans ces nombreux établiſſemens ; & il ne feroit pas téméraire d'aſſurer que la plupart y avoient été introduits par des interlopes. Cinquante-quatre navires de grandeur médiocre, fuffifoient pour l'extraction du produit de ces colonies.

Les iſles Françoiſes devoient ſuccomber naturellement ſous le poids de tant d'entraves. Si leurs habitans ne les abandonnerent pas pour porter ailleurs leur activité, il faut attribuer leur perſévérance à des reſſources indépendantes de l'adminiſtration. Lorſqu'on opprimoit quelque production, le colon ſe tournoit rapidement vers une autre que le fiſc n'avoit pas encore apperçue, ou qu'il craignoit d'étouffer au berceau. Les côtes ne furent jamais aſſez bien gardées, pour rompre toutes les liaiſons formées avec les navigateurs étrangers. Les brigandages des Flibuſtiers ſe convertiſſoient quelquefois en avances de culture. Enfin, la paſſion tous les jours plus vive de l'ancien monde pour les denrées du nouveau, étoit un grand encouragement à leur multiplication. Cependant ces moyens n'auroient jamais été ſuffiſans pour tirer les colonies Françoises de leur état de langueur. Une grande révolution étoit nécessaire. Elle arriva en 1717.

A cette époque, un réglement clair & simple fut substitué à cette foule d'arrêts équivoques, que des fermiers avides & peu éclairés avoient arrachés successivement aux besoins, à la foiblesse du gouvernement. Les marchandises, destinées pour les colonies, furent déchargées de toute imposition. On modéra beaucoup les droits des denrées d'Amérique, qui se consommeroient dans le royaume. Celles qui pourroient passer aux autres nations, devoient jouir d'une liberté entiere, à l'entrée & à la sortie, en payant trois pour cent. Les taxes mises sur les sucres étrangers, devoient être perçues indifféremment par-tout, sans aucun égard aux franchises particulières, hors les cas de réexportation dans les ports de Bayonne & de Marseille.

V. Mesures prises par la cour de Versailles pour rendre ses colonies utiles.

En accordant tant de faveurs à ses possessions éloignées, la métropole n'oublia pas ses intérêts. Elle voulut que toutes les marchandises, dont la consommation n'étoit pas permise dans son sein, leur fussent défendues. Pour assurer la préférence à ses manufactures, elle ordonna aussi que les marchandises même, dont l'usage n'étoit pas prohibé, paieroient les droits à leur entrée dans le royaume, quoique destinées pour les colonies. Il n'y eut que le bœuf salé, qu'elle ne pouvoit fournir en concurrence, qui fut déchargé de cette obligation.

Cet arrangement eût été aussi bon que les lumieres du tems le comportoient, si l'édit eût rendu général le commerce de l'Amérique, concentré jusqu'alors dans quelques ports, & s'il eût déchargé les vaisseaux de l'obligation de faire leur retour au lieu d'où ils étoient partis. De pareilles gênes limitoient le nombre des matelots, augmentoient le prix de la navigation, empêchoient la sortie des productions territoriales. Ceux qui gouvernoient alors l'état, devoient voir ces inconvéniens, & se proposoient, sans doute, de rendre un jour au commerce, la liberté & l'activité qui lui sont nécessaires. Vraisemblablement, ils furent obligés de sacrifier leurs maximes à l'aigreur des gens d'affaires, qui désapprouvoient avec éclat, toutes les opérations contraires à leurs intérêts.

Malgré cette foiblesse, le colon, qui n'avoit résisté qu'avec peine aux sollicitations d'un sol excellent, y porta tous ses soins dès qu'on le lui permit. Sa profpérité étonna toutes les nations. Si le gouvernement, à l'arrivée des François dans le Nouveau-Monde, avoit eu, par prévoyance, les lumieres qu'il acquit par l'expérience un fiecle après, l'état auroit joui de bonne-heure d'une culture & d'une richeffe qui valoient mieux pour fa profpérité que des conquêtes. On ne l'auroit pas vu également écrafé par fes victoires & par fes défaites. Les fages adminiftrateurs qui remédioient aux maux de la guerre par une heureufe révolution dans le commerce, n'auroient pas eu la douleur de voir qu'on avoit évacué Sainte-Croix en 1696, & facrifié Saint-Chriftophe à la paix d'Utrecht. Leur affliction auroit été bien plus profonde, s'ils avoient prévu qu'en 1763, on feroit réduit à abandonner la Grenade aux Anglois. Etrange maladie de l'ambition des peuples ou plutôt des rois ! Après avoir facrifié des milliers d'hommes pour acquérir & pour conferver une poffeffion éloignée, il faut en immoler encore davantage pour la perdre ! Cependant il refte à la France des colonies importantes. Elles méritent qu'on pefe leur valeur. Commençons par la Guyane qui eft au vent de toutes les autres.

VI.
Notions sur la Guyane. Motif qu'avoient les Européens pour la fréquenter & la parcourir.

Les peuples qui erroient dans ce grand espace, avant l'arrivée des Européens, étoient divisés en plusieurs nations, toutes peu nombreuses. Elles n'avoient pas d'autres mœurs que celles des sauvages du continent méridional. Les Caraïbes seuls, que leur nombre & leur courage rendoient les plus inquiets, se distinguoient par un usage remarquable dans le choix de leurs chefs. Il falloit avoir pour conduire un tel peuple, plus de vigueur, d'intrépidité, de lumiere que personne, & montrer ces qualités par des épreuves sensibles & publiques.

L'homme qui se destinoit à marcher le premier devant des hommes, devoit connoitre d'avance tous les lieux propres à la chasse, à la pêche, toutes les fontaines & toutes les routes. Il soutenoit d'abord des jeûnes longs & rigoureux. On lui faisoit porter ensuite des fardeaux d'une pesanteur énorme. Il passoit la plupart des nuits en sentinelle, à l'entrée du carbet. On l'enterroit jusqu'à la ceinture dans une fourmilliere, où il restoit exposé un tems considérable à des piquures vives & sanglantes. S'il montroit dans toutes ces situations, une force de corps & d'ame à l'épreuve des dangers & des fléaux où la nature expose la vie des sauvages ; s'il étoit l'homme qui devoit tout endurer & ne rien craindre, les suffrages s'arrêtoient sur lui. Cependant, comme s'il eût senti ce qu'impose l'honneur de commander à des hommes, il se déroboit sous d'épais feuillages. La nation alloit le chercher dans une retraite qui le rendoit plus digne du poste qu'il fuyoit. Chacun des assistans lui mettoit le pied sur la tête, pour lui faire connoître qu'étant tiré de la poussiere par ses égaux, ils pouvoient l'y faire rentrer, s'il oublioit les devoirs de sa place. C'étoit la cérémonie de son couronnement. Voilà des sauvages qui avoient des notions plus justes de la souveraineté, & qui connoissoient mieux leurs prérogatives que la plupart des peuples civilisés. Après cette leçon politique, tous les arcs, toutes les fleches tomboient à ses pieds, & la nation obéissoit à ses loix, ou plutôt à ses exemples.

Tels étoient ces habitans de la Guyane, quand l'Espagnol Alphonse Ojeda y aborda le premier en 1499, avec Americ Vespuce & Jean de la Cosa. Il en parcourut une partie. Ce voyage ne donna que des connoissances superficielles d'un si vaste pays. On en fit beaucoup d'autres, qui, entrepris à plus grands frais, n'en furent que plus malheureux. Cependant on les multiplia par un motif qui a toujours trompé, qui trompera toujours les hommes.

Un bruit s'étoit répandu sans qu'on en sache l'origine, qu'il y avoit dans l'intérieur de la Guyane, un pays désigné sous le nom *del Daurado*, qui renfermoit des richesses immenses en or & en pierreries, plus de mines & de trésors que Cortès & Pizarre n'en avoient jamais trouvé. Cette fable n'enflammoit pas seulement l'imagination naturellement ardente des Espagnols : elle échauffoit tous les peuples de l'Europe.

Cet enthousiasme saisit particulierement Walter Raleigh, un des hommes les plus extraordinaires qu'ait produits la région la plus féconde en caracteres singuliers. Il avoit une passion extrême pour tout ce qui avoit de l'éclat; une réputation qui éclipsoit les plus grands noms; plus de lumieres que ceux que leur état attachoit uniquement aux lettres; une liberté de penser qui n'étoit pas de son siécle; quelque chose de romanesque dans les sentimens & dans la conduite. Ce tour d'esprit le détermina en 1595, au voyage de la Guyane : mais il la quitta sans avoir rien trouvé de ce qu'il cherchoit. Il publia cependant à son retour en Angleterre une relation remplie des plus brillantes impostures dont on ait amusé la crédulité humaine.

Un témoignage si éclatant détermina quelques François en 1604 à tourner leurs voiles vers ces contrées, sous la direction de la Ravardiere. D'autres aventuriers de leur nation ne tarderent pas à suivre leurs traces. Tous se livrerent à des fatigues incroyables. Enfin quelques-uns plutôt rebutés de tant de travaux que désabusés de leurs espérances, se fixerent à Cayenne.

Des négocians de Rouen, qui pensoient qu'on pourroit tirer parti de cet établissement naissant, unirent leurs fonds en 1643. Ils chargerent de leurs intérêts un homme féroce, nommé Poncet de Bretigny, qui ayant également déclaré la guerre aux colons & aux sauvages, fut massacré.

VII. Les François s'établissent dans la Guyane, & y languissent pendant un siecle.

Cet événement tragique ayant refroidi les associés, on vit se former en 1651 une nouvelle compagnie, qui paroissoit devoir prendre un plus grand effor. L'étendue de fes capitaux la mit en état d'affembler dans Paris même fept à huit cens colons. Ils furent embarqués fur la Seine pour defcendre au Havre. Le malheur voulut que le vertueux abbé de Marivault, qui étoit l'ame de l'entreprife, & qui devoit la conduire en qualité de directeur général, fe noyât en entrant dans fon bateau. Roiville, gentilhomme de Normandie, envoyé à Cayenne comme général, fut affaffiné dans la traverfée. Douze des principaux intéreffés, auteurs de cet attentat, fe conduifirent dans la colonie qu'ils s'étoient chargés de faire fleurir, avec toute l'atrocité qu'annonçoit cet affreux prélude. Ils firent pendre un d'entre eux. Deux moururent. Il y en eut trois de relégués dans une ifle déferte. Les autres fe livrèrent aux plus grands excès. Le commandant de la citadelle déferta chez les Hollandois, avec une partie de fa garnifon. Ce qui avoit échappé à la faim, à la mifere, à la fureur des fauvages du continent qu'on avoit provoquée de cent manieres, s'eftima trop heureux de pouvoir gagner les ifles du Vent fur un bateau & fur deux canots. Ils abandonnerent le fort, les munitions, les armes, les marchandiſes, cinq ou ſix cent cadavres de leurs malheureux compagnons, quinze mois après avoir débarqué dans l'iſle.

Il ſe forma en 1663 une nouvelle ſociété ſous la direction de la Barre, maître des requêtes. Elle n'avoit que deux cent mille francs de fonds : mais les ſecours du gouvernement la mirent en état d'expulſer de ſa conceſſion les Hollandois qui s'y étoient établis ſous la conduite de Spanger, lorſqu'ils l'avoient vue évacuée par ſes premiers poſſeſſeurs. Un an après, ce foible corps fit partie de la grande compagnie où l'on fondoit toutes celles que la nation avoit formées pour l'Afrique & pour le Nouveau-Monde. En 1667, Cayenne fut inſultée, pillée, abandonnée par les Anglois; & les fugitifs en reprirent poſſeſſion, pour ſe la voir encore arracher en 1672 par les ſujets des Provinces-Unies, qui ne la purent retenir que juſqu'en 1676. A cette époque, ils en furent chaſſés par le maréchal d'Etrées. Depuis la colonie n'a pas été attaquée.

Cet établiſſement tant de fois bouleverſé, reſpiroit à peine. A peine il jouiſſoit d'un commencement de tranquillité, qu'on eſpéra favorablement de ſa fortune. Quelques Flibuſtiers qui revenoient chargés des dépouilles de la mer du Sud, s'y fixerent; &, ce qui étoit plus important, ſe déterminerent à confier leurs tréſors à la culture. Ils paroiſſoient la devoir pouſſer avec vigueur, lorſque Ducaſſe leur propoſa en 1688 le pillage de Surinam. Leur goût naturel ſe réveille; les nouveaux colons redeviennent corſaires, & leur exemple entraîne preſque tous les habitans.

L'expédition fut malheureuſe. Une partie des combattans périt dans l'attaque; & les autres faits priſonniers furent envoyés aux Antilles, où ils s'établirent. La colonie ne ſe releva jamais de cette perte. Bien loin de pouvoir s'étendre dans la Guyane, elle ne fit que languir à Cayenne même.

Cette iſle qui n'eſt ſéparée du continent que par les eaux d'une riviere qui ſe diviſe en deux branches, peut avoir quatorze à quinze lieues de circonférence. Par une conformation que la nature donne rarement aux iſles, élevée ſur les côtés & baſſe au milieu, elle eſt entrecoupée de tant de marais, que les communications n'y ſont guere praticables. Dans une plaine de deux lieues, qui pouvoit être aiſément percée de canaux navigables, & dont on n'a pas fu même égouter les eaux, a été bâti le feul bourg qui foit dans la colonie. C'eft un amas de barraques entaffées fans ordre ni commodités, & où regnent durant l'été d'affez fréquentes fievres, quoiqu'on n'ait ceffé d'en vanter la falubrité. Il eft défendu par un chemin couvert, un large foffé, un rempart en terre, & par cinq baftions. Au milieu du bourg eft une butte affez élevée, dont on a fait une redoute appellée le fort, où quarante hommes pourroient encore capituler après la prife de la place. L'entrée du port n'a guere que treize pieds d'eau. Les navires pourroient toucher à quatorze : mais heureufement la vafe eft molle, & l'on peut la labourer fans danger.

Les premieres productions de Cayenne furent le rocou, le coton & le fucre. Ce fut la premiere des colonies Françoifes qui cultiva le café. On y a toujours cru, & peut-être on y croit encore, que ce furent quelques déferteurs qui, en 1721, racheterent leur grace, en l'apportant de Surinam où ils s'étoient réfugiés. Un hiftorien exact a écrit depuis peu, vraifemblablement fur de bons mémoires, que ce fut un bienfait de la Motte-Aigron qui, en 1722, eut l'art d'emporter de cet établifsement Hollandois des semences fraîches de café, malgré la défense rigoureuse d'en laisser sortir en cosses. Dix ou douze ans après, on planta du cacao.

En 1752, il sortit de la colonie deux cens soixante mille cinq cens quarante-une livres pesant de rocou, quatre-vingt mille trois cens soixante-trois livres de sucre, dix-sept mille neuf cens dix-neuf livres de coton, vingt-six mille huit cens quatre-vingt-une livres de café, quatre-vingt-onze mille neuf cens seize livres de cacao, & six cens dix-huit pieds de bois. Ces produits réunis étoient le fruit du travail de quatre-vingt-dix familles Françoises, de cent vingt-cinq Indiens, de quinze cens noirs, qui formoient la colonie entiere.

VIII. La cour de Versaille se propose de rendre la Guyane florissante. Ce projet avoit-il été judicieusement conçu ? fut-il sagement exécuté ?

Tel, & plus foible encore, étoit l'état de Cayenne, lorsqu'on vit avec étonnement la cour de Versailles chercher, en 1763, à lui donner un grand éclat. On sortoit des horreurs d'une guerre honteuse. La situation des affaires avoit décidé le ministere à acheter la paix par le sacrifice de plusieurs possessions importantes. Il paroissoit également nécessaire de faire oublier à la nation, & ses calamités,

&

& les fautes qui les avoient amenées. L'espérance d'une meilleure fortune pouvoit amuser son oisiveté, tromper sa malignité, & l'on détourna ses regards des colonies qu'elle avoit perdues, vers la Guyane, qui devoit, disoit-on, réparer tant de désastres.

Ce n'étoit pas l'opinion des citoyens qui paroissoient les mieux instruits de la situation des choses. Un établissement formé depuis un siecle & demi & à une époque où les esprits étoient violemment poussés aux grandes entreprises : un établissement dont les discordes civiles ni les guerres étrangeres n'avoient pas ruiné les travaux : un établissement que des administrateurs sages avoient régi avec désintéressement & application : un établissement auquel les bienfaits du gouvernement & les secours du commerce n'avoient jamais manqué : un établissement où le débouché des productions avoit été toujours assuré : cette colonie n'étoit rien. On n'y avoit jamais vu de plantation florissante. Aucune fortune ne s'y étoit élevée. La misere & l'obscurité avoient été opiniâtrément son partage aux mêmes époques où les autres possessions Françoises de l'Amérique étonnoient l'ancien & le

C

Nouveau-Monde par leur éclat & par leurs richesses. Loin que le tems & le progrès des lumieres eussent amélioré son sort, sa situation étoit devenue de jour en jour plus fâcheuse. Comment espérer qu'elle rempliroit les hautes destinées qu'on lui préparoit? Ces considérations n'arrêterent pas le ministere. Voyons ce qu'on a dit pour justifier ses vues.

L'Amérique offroit, dans l'origine à l'invasion de l'Europe, deux régions entiérement différentes, la Zone Torride & la Zone tempérée du nord. La premiere présentoit une vaste coupe à la soif de l'or; à la cupidité, des appas; à la mollesse, le repos; à la volupté, son aliment; au luxe, ses ressources. Celui qui s'en empara le premier dut éblouir par son éclat, séduire par l'image de son bonheur. Une opulence, aussi imposante que rapide, ne pouvoit manquer de lui donner dans le monde ancien une influence d'autant plus étendue, que la nature de la vraie richesse y étoit ignorée, & que ses rivaux se trouverent tout-à-coup plongés dans une indigence relative, aussi insupportable que l'indigence réelle. Son nouveau domaine étoit la patrie du despotisme. La chaleur y brisoit les forces du corps; l'oifiveté, fuite néceffaire d'une fertilité qui fatisfait aux befoins fans le travail, y ôtoit à l'ame toute énergie. Cette contrée fubit fon deftin. Les peuples, qui l'habitoient, étoient des efclaves qui attendoient un maître. Il vint. Il dit obéiffez: & l'on obéit. L'efprit des monarchies abfolues étoit une production du fol qu'il y trouva toute formée: mais il exiftoit au-deffus de fa tête un ennemi auquel on ne réfifte point, & qui devoit le fubjuguer à fon tour: c'eft le climat. Dans la premiere ivreffe, l'ufurpateur forma les projets les plus vaftes, & conçut les efpérances les mieux fondées en apparence. Il regarda le figne de l'opulence comme le principe créateur & confervateur des forces politiques; & comment ne s'y feroit-il pas trompé? Si nous fommes défabufés de ce préjugé, c'eft peut-être à fes défaftres que nous devons cette grande leçon. Il s'imagina & dut s'imaginer qu'avec de l'or, il auroit à fa folde les nations, comme il avoit les nègres fous fa chaîne: fans prévoir que cet or qui lui donnoit des alliés jaloux, en feroit autant d'adverfaires puiffans, qui, joignant leurs armes à la richeffe qu'ils recevoient, tourneroient ce double inſtrument à ſa propre ruine.

La Zone tempérée de l'Amérique Septentrionale ne pouvoit attirer que des peuples laborieux & libres. Elle n'a que des productions communes & néceſſaires, mais qui ſont dès-lors une ſource éternelle de richeſſes ou de forces. Elle favoriſe la population, en fourniſſant matiere à cette culture paiſible & ſédentaire qui fixe & multiplie les familles, qui, n'irritant point la cupidité, préſerve des invaſions. Elle s'étend dans un continent immenſe, ſur un front large, & par-tout ouvert à la navigation. Ses côtes ſont baignées d'une mer preſque toujours libre, & couvertes de ports nombreux. Les colons y ſont moins éloignés de la métropole, vivent ſous un climat plus analogue à celui de leur patrie, dans un pays propre à la chaſſe, à la pêche, à l'agriculture, à tous les exercices, & aux travaux qui nourriſſent les forces du corps, & préſervent des vices corrupteurs de l'ame. Ainſi dans l'Amérique comme en Europe, ce ſera le Nord qui ſubjuguera le Midi. L'un ſe couvrira d'habitans & de cultures, tandis que l'autre épuiſera ſes ſucs voluptueux & ſes mines d'or.

L'un pourra policer des peuples fauvages, par fes liaifons avec des peuples libres; l'autre ne fera jamais qu'un alliage monftrueux & foible d'une race d'efclaves avec une nation de tyrans.

Il étoit effentiel pour les colonies du Midi qu'elles euffent des racines de population & de vigueur dans le Nord, pour s'y ménager un commerce des denrées de luxe avec celles de befoin, une communication qui pût donner des renforts en cas d'attaque, un afyle dans la défaite, un contrepoids des forces de terre à la foibleffe des reffources navales.

Les colonies méridionales Françoifes jouiffoient avant la derniere guerre de cette protection. Le Canada, par fa fituation, par le génie belliqueux de fes habitans, par fes alliances avec des peuplades fauvages, amies de la franchife & de la liberté du caractere François, pouvoit balancer, du moins inquiéter la Nouvelle-Angleterre. La perte de ce grand continent détermina le miniftere de Verfailles à chercher de l'appui dans un autre; & il efpéra le trouver dans la Guyane, en y établiffant une population nationale & libre, capable de réfifter par elle-même aux attaques étrangeres, & propre à voler avec le tems au secours des autres colonies, lorsque les circonstances pourroient l'exiger.

Tel fut évidemment son système. Jamais il ne lui tomba dans l'esprit qu'une région ainsi habitée, pût jamais enrichir la métropole par la production des denrées propres aux colonies méridionales. Les bons principes lui étoient trop familiers, pour ignorer qu'il n'est pas possible de vendre, sans suivre le cours du marché général ; qu'on ne peut atteindre ce but qu'en cultivant avec aussi peu de frais que ses rivaux ; & que des travaux faits par des hommes libres, sont de toute nécessité infiniment plus chers que ceux qui sont abandonnés à des esclaves.

Les opérations étoient dirigées par un ministre actif. En politique sage, qui ne sacrifie pas la sûreté aux richesses, il ne se proposoit que d'élever un boulevard pour défendre les possessions Françoises. En philosophe sensible, qui connoît les droits de l'humanité & qui les respecte, il vouloit peupler d'hommes libres, ces contrées fertiles & désertes. Mais le génie, sur-tout le génie impatient de jouir, ne prévoit pas tout. On s'égara, parce qu'on crut que des Européens soutiendroient fous la Zone Torride les fatigues qu'exige le défrichement des terres ; que des hommes qui ne s'expatrioient que dans l'espérance d'un meilleur fort, s'accoutumeroient à la fubfiftance précaire d'une vie fauvage, dans un climat moins fain que celui qu'ils quittoient.

Ce mauvais fyftème, où le gouvernement fe laiffa entraîner par des hommes audacieux que leur préfomption égaroit, ou qui facrifioient la fortune publique à leurs intérêts particuliers, fut auffi follement exécuté qu'il avoit été légérement adopté. Tout y fut combiné fans principe de légiflation, fans intelligence des rapports que la nature a mis entre les terres & les hommes. Ceux-ci furent diftribués en deux claffes, l'une de propriétaires, & l'autre de mercenaires. On ne vit pas que cette diftribution, qui fe trouve établie en Europe, & prefque chez toutes les nations civilifées, eft l'ouvrage de la guerre, des révolutions & des hafards infinis que le tems amene ; que c'eft la fuite des progrès de la fociabilité, mais non la bafe & le fondement de la fociété, qui, dans l'origine, veut que tous fes membres participent à la propriété. Les colonies qui font de nouvelles populations & de nouvelles sociétés, doivent suivre cette regle fondamentale. On s'en écarta dès le premier pas, en ne destinant des terres dans la Guyane, qu'à ceux qui pourroient y passer avec des fonds & des avances pour les cultiver. Les autres, dont on tenta la cupidité par des espérances vagues ou équivoques, furent exclus de ce partage des terres. Ce fut une faute de politique contre l'humanité. Si l'on eût donné une portion de terrein à défricher à tous les nouveaux colons qu'on portoit dans cette région nue & déserte, chacun l'eût cultivée d'une maniere proportionnée à ses forces & à ses moyens, l'un avec son argent, l'autre avec ses bras. Il ne falloit ni rebuter ceux qui avoient des capitaux, parce que c'étoient des hommes très-précieux pour une colonie naissante, ni leur donner une préférence exclusive, de peur qu'ils ne trouvâssent pas des coopérateurs qui voulussent se mettre dans leur dépendance. Il étoit indispensable d'offrir à tous les membres de la nouvelle transmigration, une propriété où ils pussent faire valoir leur travail, leur industrie, leur argent, en un mot, leurs facultés plus ou moins étendues. On devoit prévoir que des Européens, quelle que fût leur situation, ne quitteroient pas leur patrie sans l'espérance d'un meilleur sort; & que tromper leur espoir & leur confiance à cet égard, seroit ruiner la colonie, dont on projettoit les fondemens.

Des hommes transportés dans des régions incultes n'y trouvent que des besoins; & les travaux les mieux ordonnés, les plus suivis ne sauroient empêcher que ceux qui passeront dans ces déserts pour défricher les terres, ne restent dénués de tout jusqu'à l'époque, plus ou moins éloignée, des récoltes. Aussi la cour de Versailles, à qui une vérité si frappante ne pouvoit échapper, s'engagea-t-elle à nourrir indistinctement, durant deux années, tous les Allemands, tous les François qu'elle destinoit à la population de la Guyane. Mais cet acte de justice n'étoit pas une action de prudence. Il falloit prévoir que les vivres seroient mal choisis par les agens du gouvernement. Il falloit prévoir que, quand même les approvisionnemens auroient été faits avec zèle, avec prudence, avec désintéressement, c'étoit une nécessité que la plupart se gâtassent, soit dans le trajet, soit au terme. Il falloit prévoir que les viandes falées, bien ou mal confervées, ne feroient jamais une nourriture convenable pour de malheureux réfugiés qui quittoient un climat fain & tempéré pour occuper les fables brûlans de la Zone Torride, pour refpirer l'air humide & pluvieux des tropiques.

Une politique judicieufe fe feroit occupée de la multiplication des troupeaux, avant de fonger à l'établiffement des hommes. Cette précaution n'auroit pas feulement affuré une fubfiftance faine aux premiers colons, elle leur auroit encore fourni des inftrumens commodes pour les entreprifes qu'exige la formation d'une peuplade nouvelle. Avec ce fecours, ils auroient bravé des fatigues que le miniftere fe feroit chargé de payer libéralement, & auroient préparé des logemens & des denrées à ceux qui devoient les fuivre. Par cette combinaifon, qui n'exigeoit pas des méditations bien profondes, l'établiffement qu'il s'agiffoit de former, auroit acquis, en peu de tems, la confiftance dont il étoit fufceptible.

On ne fit pas ces réflexions fi fimples, fi naturelles. Douze mille hommes furent débarqués, après une longue navigation, fur des côtes défertes & impraticables. On fait que dans prefque toute la Zone Torride, l'année eft partagée en deux faifons, l'une feche & l'autre pluvieufe. A la Guyane, les pluies font fi abondantes, depuis le commencement de novembre jufqu'à la fin de mai, que les terres font fubmergées ou hors d'état d'être cultivées. Si les nouveaux colons y étoient arrivés au commencement de la faifon feche, diftribués fur les terreins qu'on leur deftinoit, ils auroient eu le tems d'arranger leurs habitations, de couper les forêts ou de les brûler, de labourer ou d'enfemencer leurs champs.

Faute de ces combinaifons, on ne fut où placer cette foule d'hommes qui arrivoient coup fur coup dans la faifon des pluies. L'ifle de Cayenne auroit pu fervir d'entrepôt & de rafraîchiffement aux nouveaux débarqués. On y auroit trouvé du logement & des fecours. Mais la fauffe idée dont on étoit prévenu, de ne pas mêler la nouvelle colonie avec l'ancienne, fit rejetter cette reffource. Par une fuite de cet entêtement, on dépofa dans les ifles du Salut ou fur les bords du Kourou, sous la toile & dans de mauvais angars, douze mille malheureux. C'est-là que, condamnés à l'inaction, à l'ennui, à la privation des premiers besoins, aux maladies contagieuses qu'enfantent toujours des subsistances corrompues, à tous les désordres que produit l'oisiveté dans une populace transportée de loin sous un nouveau ciel, ils finirent leur triste destinée dans les horreurs du désespoir. Leurs cendres crieront à jamais vengeance contre les inventeurs, contre les fauteurs d'un projet funeste qui a fait tant de victimes: comme si la guerre dont elles étoient destinées à combler les vuides, n'en avoit pas assez moissonné dans le cours de huit années.

Pour qu'il ne manquât rien au désastre, & que les 25,000,000 employés au succès d'un système absurde fussent entiérement perdus, l'homme chargé de mettre fin à tant de calamités, crut devoir ramener en Europe deux mille hommes, dont la constitution robuste avoit résisté à l'intempérie du climat, à plus de miseres qu'on ne sauroit dire.

L'état s'est trouvé heureusement assez puissant, pour pouvoir soutenir de si grandes pertes. Mais qu'il est douloureux pour la patrie, pour les sujets, pour toutes les ames avares du sang François, de le voir ainsi prodiguer dans des entreprises ruineuses, par une folle jalousie d'autorité qui commande un silence rigoureux sur les opérations publiques ! Eh ! n'est-ce pas l'intérêt de la nation entiere, que ses chefs soient éclairés ! Mais peuvent-ils l'être autrement que par des lumieres générales ? Pourquoi lui cacher des projets dont elle doit être l'objet & l'instrument ? Espere-t-on commander aux volontés sans l'opinion, & inspirer le courage sans la confiance ? Les vraies lumieres sont dans les écrits publics, où la vérité se montre à découvert, où le mensonge craint d'être surpris. Les mémoires secrets, les projets particuliers, ne sont guère que l'ouvrage des esprits adroits & intéressés, qui s'insinuent dans les cabinets des administrateurs, par des routes obscures, obliques & détournées. Quand un prince, un ministre, s'est conduit par l'opinion publique des gens éclairés, s'il éprouve des malheurs, ni le ciel, ni la terre ne peuvent les lui reprocher. Mais des entreprises faites sans le conseil & le vœu de la nation, des événemens amenés à l'insu de tous ceux dont on expose la vie & la fortune ; qu'eſt-ce autre choſe qu'une ligue ſecrete, une conjuration de quelques individus contre la ſociété entiere ? Juſqu'à quand l'autorité ſe croira-t-elle humiliée, en s'entretenant avec les citoyens ? Juſqu'à quand témoignera-t-elle aux hommes aſſez de mépris, pour ne pas chercher même à ſe faire pardonner ſes fautes ?

Qu'eſt-il arrivé de la cataſtrophe, où tant de ſujets, tant d'étrangers ont été ſacrifiés à l'illuſion du miniſtere François ſur la Guyane. C'eſt qu'on a décrié cette malheureuſe région avec tout l'excès que le reſſentiment du malheur ajoute à la réalité de ces cauſes. Heureuſement les obſervations de quelques hommes éclairés nous mettent en état de débrouiller le cahos.

IX.
Idée qu'il faut ſe former des côtes & du ſol de la Guyane.

Cette vaſte contrée, qu'on décora du magnifique nom de France équinoxiale, n'appartient pas toute entiere à la cour de Verſailles, comme elle en eut autrefois la prétention. Les Hollandois, en s'établiſſant au Nord & les Portugais au Midi, ont reſſerré les François entre la riviere de Marony & celle de Vincent Pinçon ou d'Oyapock, ce qui forme encore un eſpace de plus de cent lieues.

Les mers, qui baignent cette longue côte, font faciles, ouvertes, débarraffées de tous les obftacles qui pourroient gêner la navigation. On n'y voit que les deux ifles du Salut, à trois lieues de la terre-ferme. Comme elles ne font féparées que par un canal de quatre-vingt toifes, il feroit aifé de les joindre; & après leur union, elles formeroient un abri fuffifant pour les plus grands vaiffeaux. La nature a tellement difpofé les chofes, qu'il n'en coûteroit que peu pour rendre ce pofte imprenable avec les matériaux qui fe trouvent fur les lieux même. De ce port, couvert de tortues une partie de l'année, & placé au vent de l'archipel Américain, une efcadre pourroit, durant la guerre, voler en fept ou huit jours au fecours des poffeffions nationales, ou aller attaquer celles des puiffances ennemies de la France.

Nul danger n'eft à craindre dans ces parages. Les vents font généralement favorables pour approcher, autant & fi peu qu'on veut, des côtes. Si, ce qui eft infiniment rare, leur ordre eft interverti, ou qu'il furvienne quelque calme, on a la reffource de mouiller partout fur un fonds excellent.

Ces avantages font malheureufement accompagnés de quelques inconvéniens. Des courans rapides s'oppofent à l'arrivée des navigateurs. Que fi, pour les éviter, on approche trop près de la terre, l'eau manque prefque par-tout. On n'en trouve pas même à l'embouchure des rivieres qui ne peuvent recevoir que de très-petits bâtimens. Celle d'Aprouague eft la feule qui en ait douze pieds. Là, échoués fur une vafe molle, les navires peuvent fe livrer fans inquiétude à toutes les réparations dont ils ont befoin. Cependant il leur convient de s'expédier fort vîte ; parce que les vers, les eaux bourbeufes, les pluies & les chaleurs y détruifent, en fort peu de tems, les vaiffeaux les mieux conftruits, les mieux équipés.

Dans cette région, quoique voifine de l'équateur, le climat eft très-fupportable. Cette température peut être attribuée à la longueur des nuits, à l'abondance des brouillards & des rofées. Dans aucun tems, on n'éprouve à la Guyane ces chaleurs étouffantes fi ordinaires dans tant d'autres contrées de l'Amérique.

Malheureufement, pendant les fix premiers mois

mois de l'année & quelquefois plus long-tems, cette colonie eſt abimée par des déluges d'eau. Ces pluies ſurabondantes dégradent les lieux élevés, inondent les plaines, pourriſſent les plantes, & ſuſpendent ſouvent les travaux les plus preſſés. La végétation eſt alors ſi forte, qu'il ſeroit impoſſible de la retenir dans de juſtes bornes, quelque nombre de bras qu'on employât pour la combattre. A cette calamité en ſuccede une autre. C'eſt une longue ſéchereſſe qui ouvre la terre & qui la calcine.

Les opinions ſur le ſol de la Guyane ſe contrarierent très-long-tems. Il eſt aujourd'hui connu que c'eſt le plus ſouvent un tuf pierreux, recouvert de ſables & du débris de quelques végétaux. Ces terres ſont d'une exploitation facile : mais leur produit eſt toujours très-foible, & il ceſſe même après cinq ou ſix ans. Le cultivateur eſt alors réduit à faire de nouveaux défrichemens, qui ont toujours le ſort des premiers. Ceux même qui ſont exécutés dans quelques veines d'un ſol plus profond qu'on trouve par intervalle, n'ont pas une longue durée, parce que les pluies répétées qui tombent en torrens dans cette région, ont bientôt entraîné les sucs qui pouvoient les fertilifer.

Ce fut fur ces maigres campagnes que s'établirent les premiers François qu'une fatale deftinée pouffa dans la Guyane. Les générations qui les remplacerent cherchèrent par-tout des terreins plus féconds, fans en jamais trouver. Inutilement le fifc fit fucceffivement de grands facrifices pour améliorer cette colonie. Ces dépenfes furent inutiles, parce qu'elles ne pouvoient pas changer la nature des chofes. L'exemple des Hollandois qui, après avoir auffi langui dans le voifinage fur les terres hautes, avoient enfin profpéré fur des plantations formées dans des marais defféchés avec des travaux immenfes, cet exemple ne faifoit aucune impreffion. Enfin M. Mallouet, chargé de l'adminiftration de ce malheureux établiffement, a lui-même exécuté ce qu'il avoit vu pratiquer à Surinam; & l'efpace qu'il avoit arraché à l'océan s'eft auffi-tôt couvert de denrées. Ce fpectacle a donné aux colons une émulation dont on ne les croyoit pas fufceptibles; & ils n'attendent que les bienfaits du gouvernement pour enrichir la métropole de leurs productions.

Ce fera fur des plages formées par la dégradation des montagnes & par la mer que feront déformais établies les plantations. Il faudra defsécher des marais, creufer des canaux, élever des digues : mais pourquoi les François craindroient-ils d'entreprendre ce qu'ils voyent fi heureufement exécuté fur leurs frontieres ? Pourquoi la cour de Verfailles fe refuferoit-elle à encourager par des avances & des gratifications des défrichemens vraiment utiles ? Des défrichemens ! Voilà des conquêtes fur le cahos à l'avantage de tous les hommes, & non pas des provinces qu'on dépeuple & qu'on dévafte pour s'en emparer; qui coûtent le fang de deux nations pour n'en enrichir aucune; qu'il faut garder à grands frais & couvrir de troupes pendant des fiecles, avant de s'en promettre la paifible pofseffion.

Tout invite le miniftere de France au parti qu'on ofe lui propofer. Dans la Guyane, les feux fouterrains, fi communs dans le refte de l'Amérique, font actuellement éteints. On n'y éprouve jamais de tremblement de terre. Les ouragans n'exercent pas leurs ravages fur fes côtes. Son accès eft rempli de tant de difficultés, qu'on peut prédire qu'elle ne fera pas conquife. Les ifles Françoifes, au contraire, déja prifes une fois, attirent les regards, & follicitent la cupidité d'une nation vivement aigrie de leur reftitution. Son chagrin fait préfumer qu'elle fera toujours difpofée à réparer, par la force des armes, le vice de fes négociations. La confiance bien fondée qu'elle a dans fa marine, ne tardera pas peut-être à la précipiter dans une nouvelle guerre, pour reprendre ce qu'elle a rendu, pour étendre plus loin fes ufurpations. Si la fortune fecondoit encore fes efforts; fi un peuple encouragé par des victoires, dont les citoyens recueillent feuls tout l'avantage, l'emportoit toujours fur une nation qui ne combat que pour fes rois : ce feroit du moins une grande reffource que la Guyane, où l'on cultiveroit toutes les productions dont l'habitude a donné le befoin, & pour lefquelles il faudroit payer un énorme tribut à l'étranger, fi les colonies nationales ne pouvoient les fournir.

Le defféchement des côtes de la Guyane exigeroit des travaux longs & difficiles. Où prendre les bras néceffaires pour l'exécution de cette entreprife?

On crut en 1763 que les Européens y feroient très-propres. Douze mille furent la victime de cette opinion. La mort n'épargna qu'une soixantaine de familles Allemandes ou Acadiennes. Elles s'établirent sur le Sinamary qui leur offroit des bords qui ne sont jamais inondés par la mer, quelques prairies naturelles, & une grande abondance de tortues. Cette foible peuplade augmente & vit heureuse le long de ce fleuve. La pêche, la chasse, l'éducation des troupeaux, la culture d'un peu de riz & de maïs : telles sont ses ressources. Quelques spéculatifs ont voulu conclure de cet exemple que les blancs pourroient cultiver la Guyane : mais ils n'ont pas fait réflexion qu'on ne fondoit des colonies que pour obtenir des productions vénales, & que ces productions exigent des soins plus suivis & plus fatigans que ceux auxquels on se livre sur les rives de Sinamary.

X. Quels bras pourra-t-on destiner aux cultures dont la Guyane est susceptible?

Les naturels du pays pourroient, dit-on, opérer sans inconvénient ce qui est destructeur pour nous. Ces sauvages étoient assez multipliés sur la côte, lorsqu'elle fut découverte. La férocité Européenne en a si fort diminué le nombre, qu'il n'y en reste pas actuellement plus de quatre ou cinq cens en état de porter les armes. Mais quelques aventuriers qui ont pénétré depuis peu dans l'intérieur des terres, y ont découvert beaucoup de petites nations, toutes plus barbares les unes que les autres. Par-tout ils ont apperçu l'oppreffion des femmes, des fuperftitions qui empêchent la multiplication des hommes, des haines qui ne s'éteignent que par la deftruction des familles & des peuplades, l'abandon révoltant des vieillards & des malades, l'ufage habituel des poifons les plus variés & les plus fubtils; cent autres défordres dont la nature brute offre trop généralement le hideux tableau. Cependant le voyageur eft accueilli avec refpect, fecouru avec la générofité la plus illimitée & la plus touchante fimplicité. Il entre dans la cabane du fauvage, il s'affied à côté de fa femme & de fes filles nues; il partage leurs repas. La nuit, il prend fon repos fur un même lit. Au jour, on le charge de provifions, on l'accompagne affez loin fur fa route, & l'on s'en fépare avec les démonftrations de l'amitié. Mais cette fcène d'hofpitalité peut devenir fanglante en un moment. Ce fauvage eft jaloux à l'extrême ; & au moindre figne de familiarité qui l'alarmeroit, on feroit égorgé.

Il faudroit commencer par affembler ces peuples toujours errans. Quelques préfens de leur goût, diftribués à propos, rendroient cette premiere opération facile. On éviteroit, avec la plus fcrupuleufe attention, de réunir dans le même lieu celles de ces nations qui ont les unes pour les autres une averfion infurmontable.

Ces peuplades ne feront pas formées au hafard. Il conviendra de les diftribuer de maniere à fe procurer des facilités pour pénétrer dans l'intérieur du pays. A mefure que ces établiffemens acquerront des forces, ils fourniront des facilités pour établir des habitations nouvelles.

Jufqu'ici, aucune confidération n'a pu fixer ces Indiens. La plus fûre voie, pour y réuffir, feroit de leur diftribuer des vaches qu'ils ne pourroient nourrir qu'en abattant des bois & en formant des prairies. Les légumes, les arbres fruitiers dont on enrichiroit leur demeure, feroient un moyen de plus pour prévenir leur inconftance. Il eft vraifemblable que ces reffources qu'ils n'ont jamais connues, les dégoûteroient avec le tems, de la chaffe & de la pêche, qui font actuellement les feuls foutiens de leur miférable & précaire exiftence.

Un préjugé bien plus funefte refteroit à vaincre. Il eft généralement établi chez ces peuples que les occupations fédentaires ne conviennent qu'à des femmes. Cet orgueil infenfé avilit tous les travaux aux yeux des hommes. Un miffionnaire intelligent ne perdroit pas fon tems à combattre cet aveuglement. Il anobliroit la culture, en travaillant lui-même avec les enfans; & il réuffiroit par ce noble & heureux ftratagème, à donner aux jeunes gens des mœurs nouvelles. Peut-être parviendroit-on à vaincre l'indolence des peres même, fi l'on favoit leur donner des befoins. Il n'eft pas fans vraifemblance qu'ils demanderoient à la terre des productions pour les échanger contre des marchandifes dont l'ufage leur feroit devenu néceffaire.

Ce but falutaire s'éloigneroit infiniment, fi l'on affujettiffoit les fauvages réunis à une capitation & à des corvées, comme fe le font permis les Portugais & les Efpagnols fur les bords de l'Amazone, de Rio-Negro & de l'Orenoque. Il faut que ces peuples aient joui pendant des fiecles, des bienfaits de la civilifation, avant d'en porter les charges.

Cependant, après cette révolution heureufe, la Guyane ne rempliroit encore que très-imparfaitement les vues étendues que peut avoir la cour de Verfailles. Jamais les foibles mains des Indiens ne feront croître que des denrées de valeur médiocre. Pour obtenir de riches productions, il faudra recourir néceffairement aux bras nerveux des nègres.

On craint la facilité qu'auront ces efclaves pour déferter de leurs atteliers. Ils fe refugieront, ils s'attrouperont, ils fe retrancheront, dit-on, dans de vaftes forèts, où l'abondance du gibier & du poiffon rendra leur fubfiftance aifée; où la chaleur du climat leur permettra de fe paffer de vêtement; où les bois propres à faire des arcs & des fleches ne leur manqueront jamais. Cent d'entr'eux avoient pris ce parti, il y a environ trente ans. Les troupes envoyées pour les remettre fous la chaîne, furent repouffées. Cet échec faifoit craindre une défertion générale. La colonie entiere étoit confternée. On ne favoit à quoi fe réfoudre, lorfqu'un miffionnaire part, suivi d'un seul noir, arrive à l'endroit où s'étoit livré le combat, dresse un autel, appelle les déserteurs par le moyen d'une clochette, leur dit la messe, les harangue, & les ramène tous, tous sans exception, à leurs anciens maîtres. Mais les Jésuites qui avoient mérité & obtenu la confiance de ces malheureux, ne sont plus dans la colonie; & leurs successeurs n'ont montré ni la même activité, ni une connoissance égale du cœur de l'homme. Cependant, il ne seroit peut-être pas impossible de prévenir l'évasion de ces infortunées victimes de notre cupidité, en rendant leur condition supportable. La loi de la nécessité, qui commande même aux tyrans, prescrira, dans cette région, une modération que l'humanité seule devroit inspirer par-tout.

XI.
Avant de jetter des capitaux dans la Guyane, il convient d'examiner si la colonie est bien organisée; il en faut régler les limites.

Ce nouvel ordre de choses engagera le gouvernement dans des dépenses considérables. Avant de s'y livrer, il examinera si la colonie a eu jusqu'à notre âge, l'organisation qui devoit la faire prospérer, & si Cayenne est le lieu le plus convenable pour être le chef-lieu d'un grand établissement. C'est notre opinion: mais d'habiles gens pensent le contraire ; & leurs raisons doivent être discutées.

Ces vues peuvent être excellentes, sans que les avantages en aient été plutôt apperçus ; & il ne faut pas s'en étonner. Les choses sont quelquefois d'une difficulté qui ne peut être surmontée que par l'expérience ou par le génie. Mais l'expérience qui marche à pas lents, demande du temps ; & le génie qui, semblable aux coursiers des dieux, franchit un intervalle immense d'un saut, se fait attendre pendant des siecles. A-t-il paru ? Il est repoussé ou persécuté. S'il parle, on ne l'entend pas. Si, par hasard, il est entendu, la jalousie traduit ses projets comme des rêves sublimes, & les fait échouer. L'intérêt général de la multitude suppléeroit peut-être à la pénétration du génie, si on le laissoit agir en liberté : mais il est sans cesse contrarié par l'autorité dont les dépositaires ne s'entendent à rien, & prétendent ordonner de tout. Quel est celui qu'ils honoreront de leur confiance & de leur intimité ? c'est le flatteur impudent qui, sans en rien croire, leur répétera continuellement qu'ils sont des êtres merveilleux. Le mal se fait par leur sottise, & se perpétue par une mauvaife honte qui les empêche de revenir fur leurs pas. Les fauffes combinaifons s'épuifent avant qu'ils aient rencontré les vraies, ou qu'ils puiffent fe réfoudre à les approuver, après les avoir rejettées. C'eft ainfi que le défordre regne par l'enfance des fouverains, l'incapacité ou l'orgueil des miniftres, & la patience des victimes. On fe confoleroit des maux paffés & des maux préfens, fi l'avenir devoit changer cette deftinée : mais c'eft une efpérance dont il eft impoffible de fe bercer. Et fi l'on demandoit au philofophe à quoi fervent les confeils qu'il s'opiniâtre d'adreffer aux nations & à ceux qui les gouvernent, & qu'il répondit avec fincérité, il diroit qu'il fatisfait un penchant invincible à dire la vérité, au hafard d'exciter l'indignation, & même de boire dans la coupe de Socrate.

Avant de prendre fur la Guyane une réfolution finale, il conviendra de fixer les bornes encore incertaines de cette colonie. Au Nord, les Hollandois voudroient bien étendre les frontieres de Surinam jufqu'aux bords du Sinamary : mais le pofte militaire que la cour de Verfailles a fait établir depuis long-tems fur la rive droite du Maroni, paroît avoir anéanti fans retour cette prétention ancienne. Du côté du Midi, les difficultés font moins applanies. L'Amazone fut autrefois inconteftablement la borne des poffeffions Françoifes, puifque, par une convention du 4 Mars 1700, les Portugais s'obligerent à démolir les forts qu'ils avoient élevés fur la rive gauche de cette riviere. A la paix d'Utrecht, la France qui recevoit la loi, fut forcée de céder la navigation de ce fleuve avec les terres qui s'étendent jufqu'à la riviere de Vincent Pinçon, ou de l'Oyapock. Lorfque le tems fut venu d'exécuter le traité, il fe trouva que ces deux noms employés comme fynonymes, défignoient dans le pays, ainfi que fur les anciennes cartes, deux rivieres éloignées l'une de l'autre de trente lieues. Chacune des deux cours voulut tourner cette erreur à fon avantage ; celle de Lisbonne s'étendre jufqu'à l'Oyapock, & celle de Verfailles jufqu'à Vincent Pinçon. On ne put convenir de rien ; & les terres conteftées font reftées défertes depuis cette époque affez reculée.

On n'aura pas la préfomption de s'ériger en juge de ce grand procès. L'unique obfervation qu'on fe permettra de faire, c'eft que le but de la cession exigée par le Portugal, a été de lui assurer la navigation exclusive de l'Amazone. Or les sujets de cette couronne jouiront paisiblement de cet avantage, en éloignant les limites des possessions Françoises de vingt lieues seulement & jusqu'à la riviere de Vincent Pinçon, sans qu'il soit nécessaire de les reculer de cinquante jusqu'à l'Oyapock.

XII.
Etat actuel de la Guyane Françoise.

Tout est à faire dans la Guyane. On ne compte à Cayenne même que trente plantations presque toutes misérables. Le continent est dans un plus grand désordre encore que l'isle. Les habitations y changent souvent de place. Des déserts immenses les séparent. Placées à une grande distance du marché général, elles n'ont aucune facilité pour leurs échanges. On n'y jouit d'aucune des commodités que se procurent mutuellement des hommes réunis. Les loix, la police, les bienséances, l'émulation, l'influence du ministère: tous ces avantages y sont inconnus. Pour l'exploitation de cent lieues de côtes, on ne comptoit en 1775 que treize cens personnes libres, & huit mille esclaves. Les productions de la colonie étoient même au-dessous de ces foibles moyens, parce qu'il n'y avoit dans les atteliers que des blancs sans intelligence, que des noirs sans subordination. Les denrées qu'emporterent les bâtimens venus de l'Amérique Septentrionale ou de la Guadeloupe & de la Martinique, ne s'éleverent pas à 100,000 livres, & la France ne reçut sur six navires que quarante quintaux de sucre, qui furent vendus en Europe 2156 livres; six cents cinquante-huit quintaux quatre-vingt-huit livres de café, qui furent vendus 31,296 l. 16 sols; trois quintaux trente-quatre livres; d'indigo, qui furent vendus 2839 livres; cent cinquante-deux quintaux quarante-une livres de cacao, qui furent vendus 10,668 liv. 16 sols; trois mille trois quintaux cinquante-cinq livres de rocou, qui furent vendus 187,706 livres 7 sols 6 deniers, neuf cens soixante-douze quintaux soixante livres de coton, qui furent vendus 243,150 livres; trois cens cinquante-trois cuirs, qui furent vendus 3177 livres, quatorze cens vingt-deux quintaux huit livres de bois, qui furent vendus 7604 livres 3 sols 9 deniers. En tout 488,598 livres 3 sols 3 deniers. Les 600,000 l. que la cour dépensa cette année comme les autres pour cet ancien établissement, servirent à payer ce qu'il avoit reçu au-delà de ſes exportations. A cette époque Cayenne devoit 2,000,000 de livres au gouvernement ou aux négocians de la métropole.

Il faut attendre quelque choſe des lumieres que M. Mallouet a répandues dans la colonie ; des encouragemens que cet habile adminiſtrateur a fait accorder en 1777 à ceux des colons qui ſe livreroient à la coupe des bois de conſtruction, à la culture des ſubſiſtances, à la ſalaiſon du poiſſon, à quelques autres productions de peu de valeur, dont il a aſſuré le débouché. Il faut attendre encore plus des arbres à épiceries. Le giroflier a déja donné des clous qui ne ſont que très-peu inférieurs à ceux qui nous viennent des Moluques ; & tout annonce que le muſcadier ne réuſſira pas moins heureuſement. Mais rien de grand ne pourra ſe tenter ſans capitaux, & ſans capitaux conſidérables.

Ils ſont au pouvoir d'une riche compagnie qui s'eſt formée, mais ſans privilège excluſif pour cette partie du Nouveau-Monde. Ce corps dont le fonds primitif eſt de 2,400,000 livres, a obtenu du gouvernement le vaſte eſpace qui s'étend depuis l'Approuague juſqu'à qu'à l'Oyapock; & toutes les facilités qu'on lui pouvoit raisonnablement accorder pour mettre en valeur ce sol, regardé comme le meilleur de la Guyane. En attendant que ses succès lui permettent de s'occuper du desséchement des marais & des grandes cultures, cette association puissante a tourné ses vues vers la coupe du bois, vers la multiplication des troupeaux, vers le coton & le cacao; mais principalement vers le tabac.

Des esclaves cultivent depuis long-tems, pour leur usage, autour de leurs cases, cette dernière plante. On lui trouve les mêmes vertus qu'au tabac du Brésil, qui s'est ouvert un débit assez avantageux dans plusieurs marchés de l'Europe, & qui est d'une nécessité presque absolue pour l'achat des noirs sur une grande partie des côtes d'Afrique. Si cette entreprise réussit, la France verra diminuer ses besoins, & ses navigateurs seront dispensés d'aller chercher à Lisbonne cette portion de leur cargaison. Les espérances que peut donner Sainte-Lucie ont une autre base.

Les Anglois occupèrent sans opposition cette isle, dans les premiers jours de l'an 1639. Ils y vivoient paisiblement depuis dix-huit

XIII.
Après de longues discussions entre les cours

de Londres & de Versailles, Sainte-Lucie reste à la France.

mois, lorsqu'un navire de leur nation, qui avoit été surpris par un calme devant la Dominique, enleva quelques Caraïbes accourus sur leurs pirogues avec des fruits. Cette violence décida les sauvages de Saint-Vincent, de la Martinique, à se réunir aux sauvages offensés ; & ils fondirent tous ensemble, au mois d'août 1640, sur la nouvelle colonie. Dans leur fureur, ils massacrèrent tout ce qui se présenta. Le peu qui échappa à cette vengeance, abandonna pour toujours un établissement qui étoit encore au berceau.

Dans les premiers âges du monde, avant qu'il se fût formé des sociétés civiles & policées, tous les hommes en général avoient droit sur toutes les choses de la terre. Chacun pouvoit prendre ce qu'il vouloit pour s'en servir, & même pour consumer ce qui étoit de nature à l'être. L'usage que l'on faisoit ainsi du droit commun, tenoit lieu de propriété. Dès que quelqu'un avoit pris une chose de cette manière, aucun autre ne pouvoit la lui ôter sans injustice. C'est sous ce point de vue, qui ne convient qu'à l'état de nature, que les nations de l'Europe envisagèrent l'Amérique, lorsqu'elle eût été découverte. Comptant les naturels du pays pour rien, il leur fuffifoit, pour s'emparer d'une terre, qu'aucun peuple de notre hémifphère n'en fût en poffeffion. Tel fut le droit public, conftant & uniforme qu'on fuivit dans le Nouveau-Monde, & qu'on n'a pas même eu honte de vouloir juftifier en ce fiècle, pendant les dernières hoftilités.

Quoi ; la nature de la propriété n'eft pas la même par-tout, par-tout fondée fur la prife de poffeffion par le travail, & fur une longue & paifible jouiffance ! Européens, pouvez-vous nous apprendre à quelle diftance de votre féjour ce titre facré s'anéantit ? Eft-ce à vingt pas ? eft-ce à une lieue ? eft ce à dix lieues ? Non, dites-vous. Hé bien, ce ne feroit donc pas à dix mille lieues. Et ne voyez-vous pas que ce droit imaginaire que vous vous arrogez fur un peuple éloigné, vous le conférez à ce peuple éloigné fur vous ? Cependant que diriez-vous, s'il pouvoit arriver que le fauvage entrât dans votre contrée, & que, raifonnant à votre manière, il dît : cette terre n'eft point habitée par les nôtres, donc elle nous appartient ? Vous avez l'Hobbifme en horreur dans votre voifinage ; & ce funeste système, qui fait de la force la suprême loi, vous le pratiquez au loin. Allez! après avoir été des voleurs & des assassins, il ne vous restoit plus que d'être d'exécrables sophistes; & vous l'êtes dévenus.

D'après ces principes, que les esprits justes & les cœurs droits réprouveront toujours, Sainte-Lucie devoit appartenir à toute puissance qui voudroit ou pourroit la peupler. Les François s'en avisèrent les premiers. Ils y firent passer, en 1650, quarante habitans sous la conduite de Rousselan, homme brave, actif, prudent, & singuliérement aimé des sauvages, pour avoir épousé une femme de leur nation. Sa mort, arrivée quatre ans après, ruina tout le bien qu'il avoit commencé à faire. Trois de ses successeurs furent massacrés par les Caraïbes, mécontens de la conduite qu'on tenoit avec eux; & la colonie ne faisoit que languir, lorsqu'elle fut prise en 1664 par les Anglois, qui l'évacuèrent en 1666.

A peine étoient-ils partis, que les François reparurent dans l'isle. Ils ne s'y étoient pas encore beaucoup multipliés, quelle qu'en fut la cause, lorsque l'ennemi qui les avoit chassés la première fois, les força de nouveau, vingt ans après, à quitter leurs habitations. Quelques-uns, au lieu d'évacuer l'isle, se réfugièrent dans les bois. Dès que le vainqueur, qui n'avoit fait qu'une invasion passagère, se fut retiré, ils reprirent leurs occupations. Ce ne fut pas pour long-tems. La guerre, qui bientôt après déchira l'Europe, leur fit craindre de devenir la proie du premier corsaire, qui auroit envie de les piller; & ils allèrent chercher de la tranquillité dans les établissemens de leur nation, qui avoient plus de force, ou qui pouvoient se promettre plus de protection. Il n'y eut plus alors de culture suivie, ni de colonie régulière à Sainte-Lucie. Elle étoit seulement fréquentée par des habitans de la Martinique, qui y coupoient du bois, qui y faisoient des canots, & y entretenoient des chantiers assez considérables.

Des soldats & des matelots déserteurs s'y étant réfugiés après la paix d'Utrecht, il vint en pensée au maréchal d'Estrées d'en demander la propriété. Elle ne lui eut pas été plutôt accordée en 1718, qu'il y fit passer un commandant, des troupes, du canon, des cultivateurs. Cet éclat blessa la cour de Londres, qui avoit des prétentions sur l'isle, à raison de la priorité d'établiffement; comme celle de Verfailles, en vertu d'une poffeffion rarement interrompue. Ses plaintes déterminèrent le miniftère de France à ordonner que les chofes feroient remifes dans l'état où elles étoient, avant la conceffion qui venoit d'être faite. Soit que cette complaifance ne parût pas fuffifante aux Anglois; foit qu'elle leur perfuadât qu'ils pouvoient tout ofer, ils donnèrent eux-mêmes, en 1722, Sainte-Lucie au duc de Montaigu, qui en envoya prendre poffeffion. Cette oppofition d'intérêts donna de l'embarras aux deux couronnes. Elles en fortirent, en 1731, en convenant que, jufqu'à ce que les droits refpectifs euffent été éclaircis, l'ifle feroit évacuée par les deux nations: mais qu'elles auroient la liberté d'y faire de l'eau & du bois.

Cet arrangement n'empêcha pas les François d'y établir de nouveau en 1744, un commandant, une garnifon, des batteries. Ou la cour de Londres ne fut pas avertie de cette infidélité, ou elle feignit de ne la pas voir; parce que fes navigateurs fe fervoient utilement de ce canal, pour entretenir avec des colonies plus riches, des liaifons interlopes que les fujets des deux gouvernemens croyoient leur être également avantageuses. Elles durèrent avec plus ou moins de vivacité, jusqu'au traité de 1763, qui assura à la France la propriété si long-tems & si opiniâtrément disputée de Sainte-Lucie.

Un entrepôt fut le premier usage que la cour de Versailles se proposa de faire de son acquisition. Depuis que ses isles du Vent avoient abattu leurs forêts, étendu leurs cultures, & perdu la ressource du Canada & de la Louysiane, il étoit devenu impossible de s'y passer des bois & des bestiaux de l'Amérique Septentrionale. On avoit cru voir de grands inconvéniens à l'admission directe de ces secours étrangers ; & Sainte-Lucie fut choisie pour les échanger contre les sirops de la Martinique, de la Guadeloupe. L'expérience ne tarda pas à démontrer que c'étoit un plan chimérique.

XIV. Premières opérations de la France à Sainte-Lucie.

Pour que cet arrangement pût avoir son exécution, il faudroit que les Américains déposâssent leurs cargaisons, qu'ils les gardâssent sur leurs navires, ou qu'ils les vendissent à des négocians établis dans l'isle : trois combinaisons dont aucune n'est praticable.

Jamais les navigateurs ne se détermineront

à mettre à terre leur bétail, dont la garde, la nourriture, les accidens les ruineroient infailliblement, ni à dépofer dans des magafins des bois d'un trop mince prix, d'un trop gros volume, pour foutenir les frais d'un loyer. Jamais ils n'attendront fur leur bord des acheteurs éloignés qui pourroient ne pas arriver. Jamais ils ne trouveront des acheteurs intermédiaires, dont le miniftère feroit néceffairement fi cher, qu'on ne pourroit pas l'employer.

Le propriétaire des firops a les mêmes raifons d'éloignement pour ce marché. Les voitures, le coulage & la commiffion réduiroient à rien fa denrée. Si l'Anglois fe déterminoit à acheter les firops plus cher qu'il ne les payoit, il fe verroit forcé d'augmenter dans la proportion fes marchandifes, dont le confommateur ne voudroit plus après ce furhauffement.

Détaché de la première idée qu'il avoit eue, fans y renoncer formellement, le miniftère de France, s'occupa, dès 1763, du foin de former des cultures à Sainte-Lucie. Le projet étoit fage, mais l'exécution fut folle. Si le gouverneur & l'intendant de la Martinique dont cette ifle n'eft éloignée que de fept lieues, avoient été chargés de l'opération, les colons qu'on y auroit fait paſſer, auroient obtenu les ſecours que peut aiſément fournir un établiſſement qui remonte à plus d'un ſiècle. La précipitation, la paſſion des nouveautés, le deſir de placer des parens ou des protégés, d'autres motifs peut-être encore plus blâmables, firent préférer l'envoi d'une adminiſtration indépendante qui ne devoit avoir des liaiſons qu'avec la métropole. Cette mauvaiſe combinaiſon coûta 7,000,000 au fiſc, & à l'état huit ou neuf cens hommes, dont la fatale deſtinée inſpire plus de pitié que de ſurpriſe. Sous les tropiques, les colonies le mieux établies coûtent habituellement la vie au tiers des ſoldats qui y ſont envoyés, quoique ce ſoient des hommes ſains, robuſtes & bien ſoignés : eſt-il étonnant que des miſérables, ramaſſés dans les boues de l'Europe & livrés à tous les fléaux de l'indigence, à toutes les horreurs du déſeſpoir, aient miſérablement péri dans une iſle inculte & déſerte ?

L'avantage de la peupler étoit réſervé aux établiſſemens voiſins. Des François, qui avoient vendu très-avantageuſement leurs plantations de la Grenade aux Anglois, ont porté à Sainte-Lucie une partie de leurs capitaux. Un grand nombre des cultivateurs de Saint-Vincent, indignés de fe voir réduits à acheter un fol qu'ils avoient défriché avec des fatigues incroyables, ont pris la même route. La Martinique a fourni des habitans, dont les poffeffions étoient peu fécondes ou bornées, & des négocians qui ont retiré quelques fonds de leur commerce pour les confier à l'agriculture. On leur a diftribué à tous gratuitement des terres.

XV. Quelle opinion faut-il avoir de Sainte-Lucie.

C'eût été un préfent funefte, fi le préjugé établi contre Sainte-Lucie, avoit eu quelque fondement. La nature, difoit-on, lui avoit refufé tout ce qui peut conftituer une colonie de quelque importance. Dans l'opinion publique, fon terroir inégal n'étoit qu'un tuf aride & pierreux qui ne paieroit jamais les dépenfes qu'on feroit pour le défricher. L'intempérie de fon climat devoit dévorer tous les audacieux que l'avidité de s'enrichir ou le défefpoir y feroient paffer. Ces idées étoient généralement reçues.

Dans la vérité, le fol de Sainte-Lucie n'eft pas mauvais fur les bords de la mer, & il devient meilleur à mefure qu'on avance dans les terres. Tout peut être défriché, à l'exception de quelques montagnes hautes & escarpées, sur lesquelles on remarque aisément des traces d'anciens volcans. Il reste encore dans une profonde vallée huit ou dix excavations de quelques pieds de diamètre où l'eau bout de la manière la plus effrayante. On ne trouve pas, à la vérité, dans l'isle, de grandes plaines, mais beaucoup de petites où le sucre peut être heureusement cultivé. La forme étroite & alongée de cette possession en rendra le transport aisé, dans quelques lieux que les cannes soient plantées.

L'air, dans l'intérieur de Sainte-Lucie, n'est que ce qu'il étoit dans les autres isles, avant qu'on les eût habitées : d'abord impur & mal-sain; mais à mesure que les bois sont abattus, que la terre se découvre, il devient moins dangereux. Celui qu'on respire sur une partie des côtes est plus meurtrier. Sous le vent, elles reçoivent quelques foibles rivières qui, partant des pieds des montagnes, n'ont pas assez de pente pour entraîner les sables dont le flux de l'océan embarrasse leur embouchure. Cette barriere insurmontable fait qu'elles forment au milieu des terres des marais infects. Une raison si sensible avoit suffi pour éloigner de ces cantons le peu de Caraïbes qu'on trouva dans l'isle, en y abordant la première fois. Les François poussés dans le Nouveau-Monde par une passion plus violente que l'amour de la conservation, ont été moins difficiles que des sauvages. C'est dans cette étendue qu'ils ont principalement établi leurs cultures. Plusieurs ont été punis de leur aveugle avidité. D'autres le seront un jour, à moins qu'ils ne construisent des digues, qu'ils ne creusent des canaux pour procurer aux eaux de l'écoulement. Le gouvernement en a déja donné l'exemple dans le port principal de l'isle ; quelques citoyens l'ont suivi, & il est à croire, qu'avec le tems, une pratique si utile deviendra générale.

XVI. *Etat actuel de la colonie de Sainte-Lucie.*
Déja se sont formées, dans la colonie, onze paroisses, presque toutes sous le vent. Cette préférence, donnée à une partie de l'isle sur l'autre, ne vient pas de la supériorité du sol : mais du plus ou du moins de facilité à recevoir, à expédier des navires. Avec le tems, l'espace qu'on a d'abord négligé, sera occupé à son tour ; parce qu'on découvre tous

les jours des ances où il fera possible d'embarquer sur des canots toutes sortes de productions.

Un chemin qui fait le tour de l'isle, & deux chemins qui la traversent de l'est à l'ouest, donnent les facilités qu'on pouvoit desirer pour porter les denrées des plantations aux embarcadaires. Avec du tems & des richesses, ces routes parviendront à un degré de solidité qu'on ne pouvoit leur donner d'abord, sans des dépenses trop considérables pour un établissement naissant. Les corvées, dont ces chemins sont l'ouvrage, ont retardé les cultures & excité bien des murmures : mais les colons commencent à bénir la main sage & ferme, qui a ordonné, qui a conduit cette opération pour leur utilité. Leur fardeau a été un peu allégé, dans les derniers tems, par l'attention qu'ont eue les administrateurs d'appliquer à ces travaux les taxes exigées pour les affranchissemens.

Au premier Janvier 1777, la population blanche de Sainte-Lucie s'élevoit à deux mille trois cens personnes de tout âge & de tout sexe. Il y avoit mille cinquante noirs ou mulâtres libres, & seize mille esclaves. La colonie comptoit parmi ses troupeaux onze cens trente mulets ou chevaux, deux mille cinquante-trois bêtes à cornes, trois mille sept cens dix-neuf moutons ou chèvres.

Cinquante-trois fucreries qui occupoient quinze cens quarante-un quarrés de terre; cinq millions quarante mille neuf cens foixante-deux pieds de café; un million neuf cens quarante-cinq mille fept cens douze pieds de cacao; cinq cens quatre-vingt-dix-fept quarrés de coton formoient fes cultures.

Ces produits réunis étoient vendus dans l'ifle même un peu plus de 3,000,000 livres. Les deux tiers étoient livrés aux Américains, aux Anglois & aux Hollandois, en poffeffion de fournir librement aux befoins de la colonie. Le refte étoit porté à la Martinique, dont on dépendoit, & d'où on tiroit quelques marchandifes, quelques boiffons arrivées de la métropole.

Appuyés fur le caractère & les lumières du comte d'Ennery, fondateur de cet établiffement, nous avions affuré que lorfque Sainte-Lucie, qui a quarante lieues de circuit, feroit parvenue à toute fa culture, elle pourroit occuper cinquante à foixante mille efclaves, & donner pour neuf ou dix millions de denrées. D'autres adminiftrateurs ont depuis confirmé ce grand témoignage. Par quelle fatalité cet établiſſement a-t-il donc fait ſi peu de progrès, malgré tous les encouragemens qu'il a reçus ?

C'eſt que, dès l'origine, on donna précipitamment des propriétés à des vagabonds qui n'avoient, ni l'habitude du travail, ni aucun moyen d'exploitation : c'eſt qu'on accorda un ſol immenſe à des ſpéculateurs avides qui n'étoient en état de mettre en valeur que quelques arpens : c'eſt que les terres intérieures furent diſtribuées, avant que les bords euſſent été défrichés : c'eſt que les fourmis qui déſoloient ſi cruellement la Martinique, ont porté le même ravage dans les ſucreries naiſſantes de Sainte-Lucie : c'eſt que le café y a éprouvé la même diminution que par-tout ailleurs : c'eſt enfin que l'adminiſtration n'y a été ni aſſez réguliere, ni aſſez ſuivie, ni aſſez éclairée. Quels remedes employer contre tant d'erreurs, contre tant de calamités ?

XVII. Obſtacles qui ſe ſont oppoſés aux progrès de Sainte-Lucie.

Il faudra établir un gouvernement plus ferme, une police plus exacte. Il faudra dépouiller de leur territoire, ceux qui n'auront pas au moins rempli en partie l'engagement qu'ils avoient contracté de le rendre utile. Il faudra, par des réunions fagement réglées, rapprocher, le plus qu'on pourra, des plantations féparées par des diftances qui leur ôtent la volonté & la facilité de s'entr'aider. Il faudra contraindre légalement tous les débiteurs à refpecter des créances dont il fe font habituellement joués. Il faudra aſſurer pour une longue fuite d'années & par des actes authentiques aux navigateurs de toutes les nations la liberté de leurs liaifons avec cette iſle. On devroit aller plus loin.

Les François de la métropole ne veulent pas & ceux des iſles ne peuvent pas mettre en valeur Sainte-Lucie. Beaucoup d'étrangers, au contraire, ont offert d'y porter leur induſtrie & leurs capitaux, fi on vouloit fupprimer le barbare droit d'aubaine: droit qui s'oppofe au commerce réciproque des nations; qui repouſſe le vivant & dépouille le mort; qui déshérite l'enfant de l'étranger; qui condamne celui-ci à laiſſer fon opulence dans fa patrie, & qui lui interdit ailleurs toute acquifition, foit mobiliaire, foit fonciere: droit qu'un peuple, qui aura les premieres notions de bonne politique, abolira

chez

chez lui, & dont il se gardera bien de solliciter l'extinction dans les autres contrées. Il faut espérer que la cour de Versailles ne s'opiniâtrera pas plus long-tems à rejetter le seul moyen de tirer une colonie intéressante de l'état de langueur où des fléaux qu'il n'étoit pas possible de détourner & les vices d'une mauvaise administration l'ont plongée.

Lorsqu'on aura pris les mesures convenables pour rendre Sainte-Lucie florissante, le ministere de France pourra se livrer au système qu'il paroit avoir adopté de défendre ses colonies par des forteresses. Pour garder cette isle, il suffira de garantir de toute insulte le port du Carenage.

XVIII. Moyens que la cour de Versailles se propose pour mettre Sainte-Lucie à l'abri de l'invasion.

Ce port, le meilleur des Antilles, réunit plusieurs avantages. On y trouve par-tout beaucoup d'eau ; la qualité de son fonds est excellente ; la nature y a formé trois carenages parfaits, l'un pour les plus grands bâtimens, les deux autres pour des frégates. Trente vaisseaux de ligne y seroient à l'abri des ouragans les plus terribles. Les vers ne l'infestent pas encore. Les vents sont toujours bons pour en sortir ; & l'escadre la

F

plus nombreuse seroit au large en moins d'une heure.

Une position si favorable, peut non-seulement défendre toutes les possessions nationales, mais menacer encore celles de l'ennemi, dans toute l'étendue de l'Amérique. Les forces maritimes de l'Angleterre, ne sauroient couvrir tous les lieux. La plus foible escadre, partie de Sainte-Lucie, porteroit, en peu de jours, la désolation dans les colonies, qui, paroissant les moins exposées, seroient dans la plus grande sécurité. Pour l'empêcher de nuire, il faudroit bloquer le port du Carenage; & cette croisiere, aussi dispendieuse que fatigante, pourroit encore être bravée impunément par un homme hardi, qui oseroit tout ce qu'on peut oser en mer.

Le Carenage, qui a l'inconvénient d'exposer au danger d'être pris, les vaisseaux qui sont à sa vue, n'a jamais paru digne d'attention à la Grande-Bretagne, assez puissante, assez éclairée, pour penser que c'est aux vaisseaux à protéger les rades, & non aux rades à protéger les vaisseaux. Pour la France, ce port possède la plus grande défenſe maritime ; c'eſt-à-dire, une poſition qui empêche les vaiſſeaux d'y entrer ſous voile. Il faut alonger pluſieurs touées, pour y pénétrer. On ne peut louvoyer entre ſes deux pointes. Le fond augmentant tout d'un coup, & paſſant près de terre de vingt-cinq à cent braſſes, ne permettroit pas aux attaquans de s'y emboſſer. Il ne peut y entrer qu'un navire à la fois ; & il ſeroit battu en même tems de l'avant & des deux bords par des feux maſqués.

Si l'ennemi vouloit inſulter le port, il ſeroit réduit à faire ſa deſcente à l'ance du Choc ; plage d'une lieue qui n'eſt ſéparée du Carenage, que par la pointe de la Vigie qui forme cette ance. Maître de la Vigie, il couleroit bas ou forceroit d'amener tous les vaiſſeaux qui ſe trouveroient dans la rade ; & ce ſeroit ſans perte, de ſon côté, parce que cette péninſule, quoique dominée par une citadelle bâtie de l'autre côté du port, couvriroit l'aſſaillant par ſon revers. Celui-ci n'auroit beſoin que de mortiers : il ne tireroit pas un coup de canon ; il ne haſarderoit pas la vie d'un homme.

S'il ſuffiſoit de fermer à l'ennemi l'entrée du port, il ſeroit inutile de fortifier la Vigie.

Sans cette précaution, on l'empêcheroit bien d'y pénétrer : mais il faut protéger les vaisseaux de la nation. Il faut qu'une petite escadre y puisse braver les forces ennemies, les réduire à la bloquer, profiter de leur absence ou d'une faute, ce qui ne se peut faire sans fortifier le sommet de la péninsule. On ne doit pas se dissimuler, qu'en multipliant ainsi les points de défense, on augmentera le besoin d'hommes : mais s'il y a des vaisseaux dans le port, leurs matelots & leurs canonniers seront chargés de la défense de la Vigie, & ils s'y porteront avec d'autant plus de vigueur, que le salut de l'escadre en dépendra. Si le port est sans bâtimens, la Vigie sera abandonnée ou peu défendue ; & voici pourquoi.

De l'autre côté de la rade, est une hauteur nommée le Morne fortuné. Le plateau de cette hauteur offre une de ces positions heureuses, qu'on trouve rarement, pour y construire une citadelle dont l'attaque n'exigera guère moins d'appareil que les meilleures places de l'Europe. Cette fortification actuellement projettée, & qui sera sans doute un jour exécutée, aura l'avantage de défendre l'ance du

Carenage dans tous ſes points; de commander à toutes les élévations qui l'entourent; de rendre à l'ennemi le port impraticable; de mettre en ſûreté la ville qu'on doit conſtruire ſur la croupe de la montagne; d'empêcher, enfin, l'aſſaillant de pénétrer dans l'iſle, quand même il auroit fait ſa deſcente au choc & qu'il ſe feroit emparé de la Vigie. Des combinaiſons plus approfondies ſur les précautions qu'exigeroit la conſervation de Sainte-Lucie, doivent être réſervées aux gens de l'art.

Certes, ce n'eſt pas une orgueilleuſe prétention qui nous a engagés dans une matiere, qui eſt ſi contraire à notre profeſſion, & qui ſuppoſe tant d'études qui nous ſont étrangères, & une ſi longue expérience dans ceux qui l'exercent. Mais le zele, mais l'amour du bien, mais le patriotiſme répandent ſur tout les regards de l'homme & du citoyen. Son cœur s'échauffe. Il réfléchit. S'eſt-il perſuadé qu'il entrevoyoit le bien? Il faut qu'il parle. Il ſe reprocheroit ſon ſilence. " Si „ mes idées ſont juſtes, ſe dit-il à lui-même, „ peut-être qu'on en profitera; ſi elles ſont „ fauſſes, le pis qu'il puiſſe en arriver, c'eſt

„ qu'on en fourie, en m'accordant le nom
„ de bon-homme, dont le vénérable abbé
„ de Saint-Pierre fe glorifioit. J'aime mieux
„ rifquer d'être ridicule que de manquer
„ l'occafion d'être utile „. Ce devoir, bien
ou mal rempli, fixons l'attention du lecteur
fur la Martinique.

XIX. Les François s'établiffent à la Martinique fur les ruines des Caraïbes.

Cette ifle a feize lieues de longueur & quarante-cinq de circuit, fans y comprendre les caps qui avancent quelquefois deux & trois lieues dans la mer. Elle eft extrêmement hachée, & par-tout entrecoupée de monticules, qui ont, le plus fouvent, la forme d'un cône. Trois montagnes dominent fur ces petits fommets. La plus élevée porte l'empreinte ineffaçable d'un ancien volcan. Les bois dont elle eft couverte, y arrêtent fans ceffe les nuages, y entretiennent une humidité malfaine, qui acheve de la rendre affreufe, inacceffible, tandis que les deux autres font prefque entierement cultivées. De ces montagnes, mais fur-tout de la premiere, fortent les nombreufes fources dont l'ifle eft arrofée. Leurs eaux, qui coulent en foibles ruiffeaux, fe changent en torrens au moindre orage. Elles tirent leur qualité du terrein qu'elles traverfent : excellentes en quelques endroits, & fi mauvaifes en d'autres, qu'il faut leur fubftituer pour la boiffon, celles qu'on ramaffe dans les faifons pluvieufes.

Denambuc, qui avoit fait reconnoître la Martinique, partit, en 1635, de Saint-Chriftophe, pour y établir fa nation. Ce ne fut pas de l'Europe qu'il voulut tirer fa population. Il prévoyoit que des hommes fatigués par une longue navigation, périroient la plupart en arrivant, ou par les intempéries d'un nouveau climat, ou par la mifere, qui fuit prefque toutes les émigrations. Cent hommes qui habitoient depuis long-tems dans fon gouvernement de Saint-Chriftophe, braves, actifs, accoutumés au travail & à la fatigue ; habiles à défricher la terre, à former des habitations ; abondamment pourvus de plants de patates & de toutes les graines convenables, furent les feuls fondateurs de la nouvelle colonie.

Leur premier établiffement fe fit fans trouble. Les naturels du pays, intimidés par les armes à feu, ou féduits par des proteftations, abandonnerent aux François la partie de l'ifle qui regarde au couchant & au midi, pour se retirer dans l'autre. Cette tranquillité fut courte. Le Caraïbe, voyant se multiplier de jour en jour ces étrangers entreprenans, sentit qu'il ne pouvoit éviter sa ruine, qu'en les exterminant eux-mêmes; & il associa les sauvages des isles voisines à sa politique. Tous ensemble, ils fondirent sur un mauvais fort, qu'à tout événement on avoit construit: mais ils furent reçus avec tant de vigueur qu'ils se replierent, en laissant sept ou huit cens de leurs meilleurs guerriers sur la place. Cet échec les fit disparoître pour long-tems; & ils ne revinrent qu'avec des présens, & des discours pleins de répentir. On les accueillit amicalement; & la réconciliation fut scellée de quelques pots d'eau-de-vie qu'on leur fit boire.

Les travaux avoient été difficiles, jusqu'à cette époque. La crainte d'être surpris obligeoit les colons de trois habitations, à se réunir toutes les nuits dans celle du milieu qu'on tenoit toujours en état de défense. C'est-là qu'ils dormoient sans inquiétude, sous la garde de leurs chiens & d'une sentinelle. Durant le jour, aucun d'eux ne marchoit qu'avec son fusil, & deux pistolets à sa ceinture. Ces précautions cesserent, lorsque les deux nations se furent rapprochées: mais celle dont l'amitié & la bienveillance avoient été implorées, abusa si fort de sa supériorité, pour étendre ses usurpations, qu'elle ne tarda pas à rallumer dans le cœur de l'autre une haine mal éteinte. Les sauvages, dont le genre de vie exige un territoire vaste, se trouvant chaque jour plus resserrés, eurent recours à la ruse, pour affoiblir un ennemi, contre lequel ils n'osoient plus employer la force. Ils se partageoient en petites bandes; ils épioient les François qui fréquentoient les bois; ils attendoient que le chasseur eût tiré son coup; & sans lui donner le tems de recharger son fusil, ils fondoient sur lui brusquement & l'assommoient. Une vingtaine d'hommes avoient disparu, avant qu'on eût su comment. Dès qu'on en fut instruit, on marcha contre les agresseurs; on les battit; on brûla leurs carbets; on massacra leurs femmes, leurs enfans, & ce qui avoit échappé à ce carnage, quitta la Martinique en 1658, pour n'y plus reparoître.

Les François, devenus par cette retraite, seuls possesseurs de l'isle entiere, occuperent

XX. Premiers travaux des

François à la Martinique.

tranquillement les postes qui convenoient le mieux à leurs cultures. Ils formoient alors deux classes. La premiere étoit composée de ceux qui avoient payé leur passage en Amérique : on les appelloit habitans. Le gouvernement leur distribuoit des terres en toute propriété, sous la charge d'une redevance annuelle. Ils étoient obligés de faire la garde chacun à leur tour, & de contribuer à proportion de leurs moyens, aux dépenses qu'exigeoient l'utilité & la sûreté communes. A leurs ordres, étoient une foule de misérables, qu'ils avoient amenés d'Europe à leurs frais, sous le nom d'*engagés*. C'étoit une espece d'esclavage qui duroit trois ans. Ce terme expiré, les engagés devenoient, par le recouvrement de leur liberté, les égaux de ceux qu'ils avoient servis.

Les uns & les autres s'occuperent d'abord uniquement du tabac & du coton. On y joignit bientôt le rocou & l'indigo. La culture du sucre ne commença que vers l'an 1650. Benjamin Dacosta, l'un de ces juifs qui puisent leur industrie dans l'oppression même où est tombée leur nation après l'avoir exercée, planta, dix ans après, des cacaotiers. Sous exemple fut fans influence jufqu'en 1684, où le chocolat devint d'un ufage affez commun dans la métropole. Alors, le cacao fut la reffource de la plupart des colons, qui n'avoient pas des fonds fuffifans pour entreprendre la culture du fucre. Une de ces calamités, que les faifons apportent & verfent, tantôt fur les hommes & tantôt fur les plantes, fit périr, en 1727, tous les cacaotiers. La défolation fut générale parmi les habitans de la Martinique. On leur préfenta le cafier, comme une planche après le naufrage.

Le miniftere de France avoit reçu des Hollandois en préfent, deux pieds de cet arbre, qui étoient confervés avec foin dans le jardin royal des plantes. On en tira deux rejettons. M. Defclieux, chargé, en 1726, de les porter à la Martinique, fe trouva fur un vaiffeau où l'eau devint rare. Il partagea, avec fes arbuftes, le peu qu'il en recevoit pour fa boiffon; & par ce généreux facrifice, il parvint à fauver la moitié du précieux dépôt qui lui avoit été confié. Sa magnanimité fut récompenfée. Le café fe multiplia avec une rapidité, avec un fuccès extraordinaires; & ce vertueux citoyen a joui jufqu'à la fin de 1774, avec une douce fatisfaction du bonheur fi rare d'avoir fauvé, pour ainfi dire, une colonie importante, & de l'avoir enrichie d'une nouvelle branche d'induftrie. Indépendamment de cette reffource, la Martinique avoit des avantages naturels, qui fembloient devoir l'élever en peu de tems à une fortune confidérable. De tous les établiffemens François, elle a la plus heureufe fituation, par rapport aux vents qui règnent dans ces mers. Ses ports ont l'ineftimable commodité d'offrir un afyle fûr contre les ouragans qui défolent ces parages. Sa pofition l'ayant rendue le fiege du gouvernement, elle a reçu plus de faveurs, & joui d'une adminiftration plus éclairée & moins infidelle. L'ennemi a conftamment refpecté la valeur de fes habitans, & l'a rarement provoquée, fans avoir lieu de s'en répentir. Sa paix intérieure n'a jamais été troublée, même lorfqu'en 1717, excitée par un mécontentement général, elle prit le parti, peut-être audacieux, mais conduit avec mefure, de renvoyer en Europe un gouverneur & un intendant qui la faifoient gémir fous le defpotifme de leur avarice. L'ordre, la tranquillité, l'union que les colons furent maintenir en ce tems d'anarchie, prouvérent plus d'averfion pour la tyrannie, que d'éloignement pour l'autorité, & juftifierent, en quelque forte, aux yeux de la métropole, ce que cette démarche avoit d'irrégulier & de contraire aux principes reçus.

Malgré tant de moyens de profpérité, la Martinique, quoique plus avancée que les autres colonies Françoifes, l'étoit cependant fort peu à la fin du dernier fiecle. En 1700, elle n'avoit en tout que fix mille cinq cens quatre-vingt-dix-fept blancs. Le nombre des fauvages, des mulâtres, des negres libres, hommes, femmes, enfans, n'étoit que de cinq cens fept. On ne comptoit que quatorze mille cinq cens foixante-fix efclaves. Tous ces objets réunis ne formoient qu'une population de vingt-un mille fix cens quarante perfonnes. Les troupeaux fe réduifoient à trois mille fix cens foixante-huit chevaux ou mulets, & à neuf mille deux cens dix-fept bêtes à corne. On cultivoit un grand nombre de pieds de cacao, de tabac, de coton, & l'on exploitoit neuf indigoteries, & cent quatre-vingt-trois foibles fucreries.

XXI.
La Martinique jette un grand éclat. Causes de cette prospérité.

Lorsque les guerres longues & cruelles qui portoient la désolation sur tous les continens & sur toutes les mers du monde, furent assoupies, & que la France eut abandonné des projets de conquête, & des principes d'administration qui l'avoient long-temps égarée, la Martinique sortit de l'espece de langueur où tous ces maux l'avoient laissée. Bientôt ses prospérités furent éclatantes : elle devint le marché général des établissemens nationaux du Vent. C'étoit dans ses ports que les isles voisines vendoient leurs productions ; c'étoit dans ses ports qu'elles achetoient les marchandises de la métropole. Les navigateurs François ne déposoient, ne formoient leurs cargaisons que dans ses ports. L'Europe ne connoissoit que la Martinique. Elle mérita d'occuper les spéculateurs, comme agricole, comme agente des autres colonies, comme commerçante avec l'Amérique Espagnole & Septentrionale.

Comme agricole, elle occupoit, en 1736, soixante-douze mille esclaves, sur un sol nouvellement défriché en grande partie, & qui donnoit par conséquent des récoltes très-abondantes.

Ses rapports avec les autres isles lui valoient la commission & les frais de transport, parce qu'elle seule avoit les voitures. Le gain qu'elle faisoit pouvoit s'élever au dixième de leurs productions, qui devenoient de jour en jour plus considérables. Ce fonds de dette rarement perçu, leur étoit laissé pour l'accroissement de leurs cultures. Il étoit augmenté par des avances en argent, en esclaves, en autres objets de premier besoin, qui, rendant de plus en plus la Martinique créancière des colonies, les tenoit toujours dans sa dépendance, sans que ce fût à leur préjudice. Elles s'enrichissoient toutes par son secours, & leur profit tournoit à son utilité.

Ses liaisons avec l'isle Royale, avec le Canada, avec la Louysiane, lui procuroient le débouché de son sucre commun, de son café inférieur, de ses sirops & taffias que la France rejettoit. On lui donnoit en échange de la morue, des légumes secs, du bois de sapin & quelques farines.

Dans son commerce interlope aux côtes de l'Amérique Espagnole, tout composé de marchandises de fabrique nationale, elle gagnoit le prix du rifque auquel le marchand François ne vouloit pas s'expofer. Ce trafic moins utile que le premier dans fon objet, étoit d'un bien plus grand rapport dans fes effets. Il lui rendoit un bénéfice de quatre-vingt ou quatre-vingt-dix pour cent, fur une valeur de trois à quatre millions, qu'on portoit tous les ans à Caraque, ou dans les colonies voifines.

Tant d'opérations heureufes avoient fait entrer dans la Martinique un argent immenfe. Douze millions y circuloient habituellement avec une extrême rapidité. C'eft peut-être le feul pays de la terre où l'on ait vu le numéraire en telle proportion, qu'il fut indifférent d'avoir des métaux ou des denrées.

L'étendue de fes affaires attiroit annuellement dans fes ports deux cens bâtimens de France, quatorze ou quinze expédiés par la métropole pour la Guinée, trente du Canada, dix ou douze de la Marguerite & de la Trinité; fans compter les navires Anglois & Hollandois qui s'y gliffoient en fraude. La navigation particulière de l'ifle aux colonies feptentrionales, au continent Efpagnol, aux ifles du Vent, occupoit cent trente bateaux

de

de vingt à soixante-dix tonneaux, montés par six cens matelots Européens de toutes les nations, & par quinze cens esclaves formés de longue main à la marine.

Dans les premiers tems, les navigateurs qui fréquentoient la Martinique abordoient dans les quartiers où se récoltoient les denrées. Cette pratique, qui sembloit naturelle, étoit remplie de difficultés. Les vents du Nord & du Nord-Est qui règnent sur une partie des côtes, y tiennent habituellement la mer dans une agitation violente. Les bonnes rades, quoique multipliées, y sont assez considérablement éloignées, soit entre elles, soit de la plupart des habitations. Les chaloupes destinées à parcourir ces intervalles, étoient souvent retenues dans l'inaction par le gros tems, ou réduites à ne prendre que la moitié de ce qu'elles pouvoient porter. Ces contrariétés retardoient le déchargement du vaisseau, & prolongeoient le tems de son chargement. Il résultoit de ces lenteurs un grand dépérissement des équipages, & une augmentation de dépenses pour le vendeur & pour l'acheteur.

Le commerce qui doit mettre au nombre

XXII. Manière dont se faisoit le commerce à la Martinique.

de fes plus grands avantages, celui d'accélérer fes opérations, perdoit de fon activité par un nouvel inconvénient : c'étoit la néceffité où fe trouvoit le marchand, même dans les parages les plus favorables, de vendre fes cargaifons par petites parties. Si quelque homme induftrieux le déchargeoit de ces détails, fon entreprife devenoit chère pour les colons. Le bénéfice du marchand fe mefure fur la quantité des marchandifes qu'il vend. Plus il vend, plus il peut s'écarter du bénéfice qu'un autre qui vend moins eft obligé de faire.

Un inconvénient plus confidérable encore, c'eft que certaines marchandifes d'Europe furabondoient en quelques endroits, tandis qu'elles manquoient en d'autres. L'armateur étoit lui-même dans l'impoffibilité d'affortir convenablement fes cargaifons. La plupart des quartiers ne lui offroient pas toutes les denrées, ni toutes les fortes de la même denrée. Ce vuide l'obligeoit de faire plufieurs efclaves, ou d'emporter trop ou trop peu de productions convenables au port où il devoit faire fon retour.

Les vaiffeaux eux-mêmes éprouvoient de

grands embarras. Plusieurs avoient besoin de se carener ; la plus grande partie exigeoit au moins quelque réparation. Ces secours manquoient dans les rades peu fréquentées, où les ouvriers ne s'établissoient point dans la crainte de ne pas trouver assez d'occupation. Il falloit donc aller se radouber dans certains ports, & revenir prendre son chargement dans celui où l'on avoit fait sa vente. Toutes ces courses emportoient au moins trois ou quatre mois.

Ces inconvéniens, & beaucoup d'autres, firent desirer à quelques habitans & à tous les navigateurs, qu'il se formât un entrepôt où les objets d'échange entre la colonie & la métropole, fussent réunis. La nature paroissoit avoir préparé le fort Royal pour cette destination. Son port étoit un des meilleurs des isles du Vent ; & sa sûreté si généralement connue, que lorsqu'il étoit ouvert aux bâtimens Hollandois, la république ordonnoit qu'ils s'y retirassent dans les mois de juin, de juillet & d'août, pour se mettre à l'abri des ouragans si fréquens & si furieux dans ces parages. Les terres du Lamentin, qui n'en sont éloignées que d'une lieue, étoient les plus fertiles, les plus riches de la colonie. Les nombreufes rivières qui arrofoient ce pays fécond, portoient des canots chargés, jufqu'à une certaine diftance de leur embouchure. La protection des fortifications, affuroit la jouiffance paifible de tant d'avantages. Mais ils étoient contrebalancés par un territoire marécageux & mal-fain. D'ailleurs cette capitale de la Martinique étoit l'afyle de la marine militaire, qui dédaignoit alors, qui même opprimoit la marine marchande. Ainfi le fort Royal ne pouvant devenir le centre des affaires, elles fe portèrent à Saint-Pierre.

Ce bourg qui, malgré les incendies qui l'ont réduit quatre fois en cendres, contient encore dix-huit cens maifons, eft fitué fur la côte occidentale de l'ifle, dans une anfe ou enfoncement, à-peu-près circulaire. Une partie eft bâtie le long de la mer fur le rivage même ; on l'appelle le mouillage : c'eft-là où font les vaiffeaux & les magafins. L'autre partie du bourg eft bâtie fur une petite colline peu élevée : on l'appelle le fort, parce que c'eft-là qu'eft placée une petite fortification, qui fut conftruite en 1665, pour reprimer les féditions des habitans contre la tyrannie du monopole, mais qui sert aujourd'hui à protéger la rade contre les ennemis étrangers. Ces deux parties du bourg sont séparées par un ruisseau, ou par une rivière guéable.

Le mouillage est adossé à un côteau assez élevé, & coupé à pic. Enfermé, pour ainsi dire, par cette colline, qui lui intercepte les vents de l'est, les plus constans & les plus salutaires dans ces contrées; exposé sans aucun souffle rafraîchissant aux rayons du soleil qui lui sont réfléchis par le côteau, par la mer, & par le sable noir du rivage, ce séjour est brûlant & toujours mal-sain. D'ailleurs il n'a point de port; & les bâtimens qui ne peuvent tenir sur ses côtes durant l'hivernage, sont forcés de se réfugier au fort Royal. Mais ces désavantages sont compensés; soit par les facilités que présente la rade de Saint-Pierre pour le débarquement & l'embarquement des marchandises; soit par la liberté que donne sa position de partir par tous les vents, tous les jours, & à toutes les heures.

Ce bourg fut le premier qu'on édifia dans l'isle, & le premier qui vit son territoire cultivé. Il dut moins cependant à son ancienneté qu'à ses commodités, l'avantage de devenir le point de communication entre la colonie & la métropole. Saint-Pierre reçut d'abord les denrées de certains cantons, dont les habitans situés sur des côtes orageuses & constamment impraticables, ne pouvoient faire commodément leurs achats & leurs ventes sans se déplacer. Les agens de ces colons n'étoient dans les premiers tems que des maîtres de bateau, qui s'étant fait connoître par leur navigation continuelle autour de l'isle, furent déterminés par l'appât du gain, à prendre une demeure fixe. La bonne-foi seule étoit l'ame de ces liaisons. La plupart de ces commissionnaires ne savoient pas lire. Aucun d'eux n'avoit ni livres, ni registres. Ils tenoient dans un coffre, un sac pour chaque habitant dont ils géroient les affaires. Ils y mettoient le produit des ventes ; ils en tiroient l'argent nécessaire pour les achats. Quand le sac étoit épuisé, le commissionnaire ne fournissoit plus ; & le compte se trouvoit rendu. Cette confiance, qui doit paroître une fable dans nos mœurs & dans nos jours de fraude & de corruption, étoit encore en ufage au commencement du fiècle. Il exifte des hommes qui ont pratiqué ce commerce, où la fidélité n'avoit pour garant que fon utilité même.

Ces hommes fimples furent remplacés fucceffivement par des gens plus éclairés qui arrivoient d'Europe. On en avoit vu paffer quelques-uns dans la colonie, lorfqu'elle étoit fortie des mains des compagnies exclufives. Leur nombre s'accrut à mefure que les denrées fe multiplioient; & ils contribuèrent eux-mêmes beaucoup à étendre la culture, par les avances qu'ils firent à l'habitant, dont les travaux avoient langui jufqu'alors faute de moyens. Cette conduite les rendit les agens néceffaires de leurs débiteurs dans la colonie, comme ils l'étoient déja de leurs commettans de la métropole. Le colon même qui ne leur devoit rien, tomba, pour ainfi dire, dans leur dépendance, par le befoin qu'il pouvoit avoir de leur fecours. Que le tems de la récolte foit retardé; que le feu prenne à une pièce de cannes; qu'un moulin foit démonté: que des édifices croulent; que la mortalité fe mette dans les beftiaux ou parmi les efclaves; que les féchereffes ou les pluies ruinent tout : où trouver les moyens de foutenir l'habitation pendant ces ravages, & de remédier à la perte qu'ils caufent ? Ces moyens font en vingt mains différentes. Qu'une feule refufe du fecours ; le cahos, loin de fe débrouiller, augmente. Ces confidérations déterminèrent ceux qui n'avoient pas encore demandé du crédit, à confier leurs intérêts aux commiffionnaires de Saint-Pierre, pour être, en cas de malheur, affurés d'une reffource.

Le petit nombre d'habitans riches qui fembloient, par leur fortune, être à l'abri de ces befoins, furent comme forcés de s'adreffer à ce comptoir. Les capitaines marchands trouvant un port, où, fans fortir de leurs magafins & même de leurs vaiffeaux, ils pouvoient terminer avantageufement leurs affaires, défertèrent le fort Royal, la Trinité, tous les autres lieux, où le prix des productions leur étoit prefque arbitrairement impofé, où les paiemens étoient incertains & lents. Par cette révolution, les colons fixés dans leurs atteliers, qui exigent une préfence continuelle & des foins journaliers, ne pouvoient plus fuivre leurs denrées. Ils furent donc obligés de les confier à des hommes intelligens, qui, s'étant établis dans le feul port fréquenté, fe trouvoient à portée de faifir les occafions les plus favorables pour vendre & pour acheter : avantage inappréciable dans un pays où le commerce éprouve des viciffitudes continuelles. La Guadeloupe, la Grenade, fuivirent l'exemple de la Martinique. Les mêmes befoins les y déterminerent.

La guerre de 1744 arrèta le cours de ces profpérités. Ce n'eft pas que la Martinique fe manquât à elle - même. Sa marine continuellement exercée, accoutumée aux actions de vigueur qu'exigeoit le maintien d'un commerce interlope, fe trouva toute formée pour les combats. En moins de fix mois, quarante corfaires armés à Saint-Pierre, fe répandirent dans les parages des Antilles. Ils firent des exploits dignes des anciens Flibuftiers. Chaque jour, on les voyoit rentrer en triomphe, chargés d'un butin immenfe. Cependant au milieu de ces avantages, la colonie vit fa navigation, foit au Canada, foit aux côtes Efpagnoles, entierement interrompue, & fon propre cabotage journellement inquiété. Le peu de vaiffeaux qui arrivoient de France, pour fe dédommager des pertes dont ils couroient les rifques, vendoient fort cher, achetoient à bas prix. Ainfi les productions tomberent dans l'avilissement. Les terres furent mal cultivées. On négligea l'entretien des atteliers. Les efclaves périffoient faute de nourriture. Tout languiffoit, tont s'écrouloit. Enfin la paix ramena, avec la liberté du commerce, l'efpoir de recouvrer l'ancienne profpérité. Les événemens tromperent les premiers efforts que l'on fit.

XXIII.
La Martinique déchéoit. Canfe de cette décadence.

Il n'y avoit pas deux ans que les hoftilités avoient ceffé, lorfque la colonie perdit le commerce frauduleux qu'elle faifoit avec les Américains Efpagnols. Cette révolution ne fut point l'effet de la vigilance des gardecôtes. Comme on a toujours plus d'intérêt à les braver qu'eux à fe défendre, on méprife des gens foiblement payés pour protéger des droits ou des prohibitions fouvent injuftes. Ce fut la fubftitution des vaiffeaux de régiftre aux flottes, qui mit des bornes très-étroites aux entreprifes des interlopes. Dans le nouveau fyftème, le nombre des bâtimens étoit indéterminé, & le tems de leur arrivée incertain ; ce qui jetta dans le prix des marchandifes une variation qui n'y avoit pas été. Dès-lors, le contrebandier, qui n'étoit engagé dans fon opération que par la certitude d'un gain fixe & conftant, ceffa de fuivre une carriere qui ne lui affuroit plus le dédommagement du rifque où il s'expofoit.

Mais cette perte fut moins fenfible pour la colonie, que les traverfes qui lui vinrent de fa métropole. Une adminiftration peu éclairée embarraffa de tant de formalités, la liaifon réciproque & néceffaire des ifles avec l'Amérique Septentrionale, que la Martinique n'envoyoit plus en 1755 que quatre bateaux au Canada. La direction des colonies en proie à des commis avides & fans talent, fut promptement dégradée, avilie, & proftituée à la vénalité.

Cependant, le commerce de France ne s'appercevoit pas de la décadence de la Martinique. Il trouvoit à la rade de Saint-Pierre, des négocians qui lui achetoient bien fes cargaifons, qui lui renvoyoient avec célérité fes vaiffeaux richement chargés; & il ne s'informoit pas fi c'étoit cette colonie ou les autres, qui confommoient

& qui produifoient. Les negres même qu'il y portoit, étoient vendus à un fort bon prix : mais il y en reftoit peu. La plus grande partie paffoit à la Grenade, à la Guadeloupe, même aux ifles neutres ; qui, malgré la liberté illimitée dont elles jouiffoient, préféroit les efclaves de traite Françoife, à ceux que les Anglois leur offroient à des conditions en apparence plus favorables. On s'étoit convaincu par une affez longue expérience, que les negres choifis, qui coûtoient le plus cher, enrichiffoient les terres, tandis que les cultures dépériffoient dans les mains des negres achetés à bas prix. Mais ces profits de la métropole étoient étrangers & prefque nuifibles à la Martinique.

Elle n'avoit pas encore réparé fes pertes durant la paix, ni comblé le vuide des dettes qu'une fuite de calamités l'avoit forcée à contracter ; lorfqu'elle vit renaître le plus grand de tous les fléaux, la guerre. Ce fut pour la France une chaîne de malheurs, qui, d'échec en échec, de perte en perte, fit tomber la Martinique fous le joug des Anglois. Elle fut reftituée au mois de juillet 1763, feize mois après avoir été conquife :

mais on la rendit dépouillée de tous les moyens acceſſoires de proſpérité qui lui avoient donné tant d'éclat. Depuis quelques années, elle avoit perdu la plus grande partie de ſon commerce interlope aux côtes Eſpagnoles. La ceſſion du Canada & de la Louyſiane lui ôtoit tout eſpoir de r'ouvrir une communication qui n'avoit langui que par des erreurs paſſageres. Elle ne pouvoit plus voir arriver dans ſes ports les productions de la Grenade, de Saint-Vincent, de la Dominique, qui étoient devenues des poſſeſſions Britanniques. Un nouvel arrangement de la métropole qui lui interdiſoit toute liaiſon avec la Guadeloupe, ne lui permettoit plus d'en rien eſpérer.

La colonie réduite à elle-même, ne devoit donc compter que ſur ſes cultures. Malheureuſement, à l'époque où ſes habitans pouvoient commencer à s'en occuper utilement, parut dans ſon ſein une eſpece de fourmi inconnue en Amérique, avant qu'elle eût ravagé la Barbade au point d'y faire délibérer s'il ne convenoit pas d'abandonner une colonie autrefois ſi floriſſante. On ignore ſi ce fut du continent ou de cette iſle que l'inſecte paſſa à la Martinique. Ce qui eſt ſûr, c'eſt qu'il cauſa des ravages inexprimables dans toutes les plantations de ſucre où il ſe montra. Cette calamité, trop mollement combattue, duroit depuis onze ans, lorſque les colons aſſemblés arrètèrent, le 9 mars 1775, une récompenſe de 666,000 livres pour celui qui trouveroit un remede contre un fléau ſi deſtructeur.

Ce ſecret important avoit déja été imaginé & mis en pratique par un officier nommé Deſvouves, ſur un des terreins le plus infeſtés de fourmis. Cet excellent cultivateur avoit obtenu d'abondantes récoltes, en multipliant les labours, les engrais & les ſarclages; en brûlant les pailles où cet inſecte ſe réfugie; en replantant les cannes à chaque récolte & en les diſpoſant de maniere à faciliter la circulation de l'air. Cet exemple a été enfin ſuivi par les colons riches. Les autres l'imiteront, ſelon leurs moyens, & on peut eſpérer, qu'avec le tems, il ne reſtera que le ſouvenir de ce grand déſaſtre.

Cette calamité étoit dans ſa plus grande force, lorſque l'ouragan de 1766, le plus furieux de ceux qui ont ravagé la Martinique, vint y détruire les vivres, moissonner les récoltes, déraciner les arbres, renverser même les bâtimens. La destruction fut si générale, qu'à peine resta-t-il quelques habitans en état de consoler tant de malheureux, de soulager tant de miseres.

Le haut prix où, depuis quelque-tems, étoit monté le café, aidoit à supporter tant d'infortunes. Cette production, trop multipliée, tomba dans l'avilissement; & il ne resta à ses cultivateurs que le regret d'avoir consacré leurs terres à une denrée dont la valeur ne suffisoit plus à leur subsistance.

Pour comble de malheur, la métropole laissoit manquer sa colonie des bras nécessaires à son exploitation; depuis 1764 jusqu'en 1774, le commerce de France n'introduisit à la Martinique que trois cens quarante-cinq esclaves année commune. Les habitans étoient réduits à repeupler leurs atteliers du rebut des cargaisons Angloises introduit en fraude.

Un ministère éclairé, & dont les soins vigilans se seroient étendus sur toutes les parties de l'empire, auroit adouci le sort d'un grand établissement, si cruellement affligé. Il n'en fut pas ainsi. De nouvelles charges prirent dans la colonie la place des fecours qu'elle avoit droit d'attendre.

Dans les établiffemens François du Nouveau-Monde, & dans ceux des autres nations fans doute, les Africains fe corrompoient beaucoup : c'eſt qu'ils étoient affurés de l'impunité. Leurs maîtres, féduits par un intérêt aveugle, ne déféroient jamais les criminels à la juſtice. Pour faire ceffer un fi grand défordre, le code noir régla que le prix de tout efclave qui feroit condamné à mort, après avoir été dénoncé au magiſtrat par le propriétaire, feroit payé par la colonie.

Des caiſſes furent auffi-tôt formées pour cet objet utile : mais on ne tarda pas à y puifer pour des dépenfes étrangeres à leur inſtitution. Celle de la Martinique étoit encore plus grevée que les autres de ces injuſtices, lorfqu'en 1771, elle fe vit chargée des frais que faifoit la chambre d'agriculture de la colonie, des honoraires d'un député que fon confeil entretient inutilement dans la métropole.

L'oppreffion fut pouffée plus loin. Les droits que le gouvernement faifoit percevoir, à la Martinique, étoient originairement très-
légers

légers & se payoient en denrées. Elles furent converties en métaux, lorsque ces agens universels du commerce se furent multipliés dans l'isle. Cependant l'imposition fut modérée jusqu'en 1763. Elle fut alors portée à 800,000 livres. Trois ans après, il fallut la réduire : mais cette diminution, arrachée par le malheur des circonstances, finit en 1772. Le tribut fut de nouveau baissé en 1778 à la somme de 666,000 livres, formant un million des isles. Il est payé avec une capitation sur les blancs & sur les noirs, avec un droit de cinq pour cent sur le prix du loyer des maisons, avec le droit d'un pour cent sur toutes les marchandises de poids qui entrent dans la colonie & un droit égal sur toutes les denrées qui en sortent, à l'exception du café qui doit trois pour cent.

Au premier janvier 1778, la Martinique comptoit douze mille blancs de tout âge & de tout sexe; trois mille noirs ou mulâtres libres, plus de quatre-vingt mille esclaves, quoique ses dénombremens ne montâssent qu'à soixante-douze mille.

XXIV.
Etat actuel de la Martinique.

Elle avoit pour ses troupeaux huit mille deux cens mulets ou chevaux, neuf mille sept cens bêtes à corne, treize mille cent porcs, moutons ou chèvres.

Ses sucreries étoient au nombre de deux cens cinquante-sept qui occupoient dix mille trois cens quatre-vingt-dix-sept quarrés de terre. Elle cultivoit seize millions six cens deux mille huit cens soixante-dix pieds de café : un million quatre cens trente mille vingt pieds de cacao ; un million six cens quarante-huit mille cinq cens cinquante pieds de coton.

En 1775, les navigateurs François chargerent sur cent vingt-deux bâtimens, à la Martinique deux cens quarante-quatre mille quatre cens trente-huit quintaux cinquante-huit livres de sucre terré ou brut, qui furent vendus dans la métropole 9,971,155 liv. 3 sols 7 deniers ; quatre-vingt-seize mille huit cens quatre-vingt-neuf quintaux soixante-huit livres de café, qui furent vendus 4,577,259 liv. 16 sols ; onze cens quarante-sept quintaux huit livres d'indigo, qui furent vendus 975,018 l. huit mille six cens cinquante-six quintaux soixante-trois livres de cacao, qui furent vendus 605,964 liv. 12 s. ; onze mille douze quintaux de coton, qui furent vendus 2,753,100 liv.

neuf cens dix-neuf cuirs ; qui furent vendus 8271 livres ; vingt-neuf quintaux dix livres de carret, qui furent vendus 29,100 livres ; dix-neuf cens foixante-fix quintaux trente-cinq livres de caneffce, qui furent vendus 52,980 liv. 10 f. ; cent vingt-cinq quintaux de bois, qui furent vendus 3125 liv. Ce fut en tout 18,975,974 livres 1 fol 10 den. Mais la fomme entiere n'appartenoit pas à la colonie. Il en devoit revenir un peu plus du quart à Sainte-Lucie & à la Guadeloupe qui y avoient verfé une partie de leurs productions.

Tous ceux qui, par inftinct ou par devoir, s'occupent des intérêts de leur patrie, defireroient de voir les productions fe multiplier à la Martinique. On fait, il eft vrai, que l'intérieur de cette ifle, rempli de rochers affreux, n'eft point propre à la culture du fucre, du café, du coton ; qu'une trop grande humidité y nuiroit à ces productions ; & que fi elles y réuffiffoient, les frais de tranfports, au travers des montagnes & des précipices, rendroient inutile le fuccès des récoltes. Mais on pourroit former dans ce grand efpace d'excellentes prairies ; & le fol n'attend que la faveur du gouvernement pour

XXV.
La Martinique peut-elle efpérer de voir améliorer fa condition ?

fournir aux habitans ce genre de fécondité reproductive des beftiaux fi néceffaires à la culture & à la fubfiftance. L'ifle a d'autres quartiers d'une nature ingrate : des terreins efcarpés, que les torrens & les pluies ont dégradés; dès terreins marécageux, qu'il eft difficile & peut-être impoffible de deffécher; des terreins pierreux, qui fe refufent à tous les travaux. Cependant les obfervateurs qui connoiffent le mieux la colonie s'accordent tous à dire que fes cultures font fufceptibles d'augmentation, & que l'augmentation pourroit être de près d'un tiers. On arriveroit même, fans nouveaux défrichemens, à cette amélioration, par une culture meilleure & plus fuivie. Mais pour atteindre ce but, il faudroit un plus grand nombre d'efclaves. C'eft beaucoup que les habitans aient pu jufqu'à nos jours maintenir leurs atteliers dans l'état où ils les avoient reçus de leurs peres. Nous ne croyons pas qu'il foit en leur pouvoir de les augmenter.

A la Martinique, les propriétaires des terres peuvent être divifés en quatre claffes. La premiere poffede cent grandes fucreries, exploitées par douze mille noirs. La feconde, cent cinquante, exploitées par neuf mille noirs. La troisième, trente-six, exploitées par deux mille noirs. La quatrieme, livrée à la culture du café, du coton, du cacao, du manioc, peut occuper vingt mille noirs. Ce que la colonie contient de plus en esclaves des deux sexes, est employé pour le service domestique, pour la pêche, pour la navigation; est dans l'enfance ou dans un état de décrépitude.

La premiere classe est toute composée de gens riches. Leur culture est poussée aussi loin qu'elle puisse aller; & leurs facultés la maintiendront sans peine dans l'état florissant où ils l'ont portée. Les dépenses même qu'ils sont obligés de faire pour la reproduction, sont moins considérables que celles du colon moins opulent, parce que les esclaves qui naissent sur leurs habitations, doivent remplacer ceux que le tems & les travaux détruisent.

La seconde classe, qu'on peut appeller celle des gens aisés, n'a que la moitié des cultivateurs dont elle auroit besoin, pour atteindre à la fortune des riches propriétaires. Eussent-ils les moyens d'acheter les esclaves qui leur manquent, ils en feroient détournés par une funefte expérience. Rien de fi mal entendu que de placer un grand nombre de negres à la fois fur une habitation. Les maladies que le changement de climat & de nourriture occafionne à ces malheureux ; la peine de les former à un travail dont ils n'ont ni l'habitude, ni le goût, ne peuvent que rebuter un colon par les foins fatigans & multipliés que demanderoit cette éducation des hommes pour la culture des terres. Le propriétaire le plus actif eft celui qui peut augmenter fon attelier d'un fixieme d'efclaves tous les ans. Ainfi la feconde claffe pourroit acquérir quinze cens noirs par an, fi le produit net de fa culture le lui permettoit. Mais elle ne doit pas compter fur des crédits. Les négocians de la métropole ne paroiffent pas difpofés à lui en accorder ; & ceux qui faifoient travailler leurs fonds dans la colonie, ne les y ont pas plutôt vus oififs ou hafardés, qu'ils les ont portés en Europe ou à Saint-Domingue.

La troifieme claffe qui eft à-peu-près indigente, ne peut fortir de fa fituation par aucun moyen pris dans l'ordre naturel du commerce. C'eſt beaucoup qu'elle puiſſe ſubſiſter par elle-même. Il n'y a que la main bienfaiſante du gouvernement qui puiſſe lui donner une vie utile pour l'état, en lui prêtant, ſans intérêt, l'argent néceſſaire pour monter convenablement ſes habitations. La recrue des noirs peut s'y éloigner ſans inconvénient des proportions que nous avons fixées pour la ſeconde claſſe; parce que chaque colon ayant moins d'eſclaves à veiller, ſera en état de s'occuper davantage de ceux dont il fera l'acquiſition.

La quatrieme claſſe, livrée à des cultures moins importantes que les ſucreries, n'a pas beſoin de ſecours auſſi puiſſans pour recouvrer l'état d'aiſance d'où la guerre, les ouragans & d'autres malheurs l'ont fait décheoir. Il ſuffiroit à ces deux dernieres claſſes d'acquérir chaque année quinze cens eſclaves, pour monter au niveau de la proſpérité que la nature permet à leur induſtrie.

Ainſi, la Martinique pourroit eſpérer de porter ſes cultures languiſſantes juſqu'où elles peuvent aller, ſi, outre les remplacemens, elle recevoit chaque année une augmentation de deux ou trois mille nègres.

Mais elle est hors d'état de payer ces recrues, & les raisons de son impuissance sont connues. On sait qu'elle doit à la métropole, comme dette de commerce, à-peu-près un million. Une suite d'infortunes l'a réduite à en emprunter quatre aux négocians établis dans le bourg Saint-Pierre. Les engagemens qu'elle a contractés à l'occasion des partages de famille, ceux qu'elle a pris pour l'acquisition d'un grand nombre de plantations l'ont rendue insolvable. Cette situation désespérée ne lui permet pas de remplir, du moins de long-tems, toute la carriere de fortune qui lui étoit ouverte.

XXVI. La Martinique peut-elle être conquise ?

Encore est-elle exposée à l'invasion. Mais quoique cent endroits de ses côtes offrent à l'ennemi les facilités d'une descente, il ne l'y fera pas. Elle lui deviendroit inutile, par l'impossibilité de transporter à travers un pays extrêmement haché, son artillerie & ses munitions au fort Royal qui fait toute la défense de la colonie. C'est vers ce parage seul qu'il tournera ses voiles.

Au devant de ce chef-lieu, est un port célebre situé sur la partie latérale d'une large baie, dans laquelle on ne s'enfonce qu'en courant des bordées, qui doivent décider du sort de tout vaisseau forcé d'éviter le combat. S'il a le désavantage d'être dégréé, de n'être qu'un mauvais boulinier, d'essuyer quelque accident dans la variation des rafales, des courans & des raz de marée; il tombera dans les mains d'un assaillant qui saura louvoyer plus heureusement. La forteresse même peut devenir le témoin inutile & honteux de la défaite d'une escadre; comme elle l'a été cent fois de la prise des navires marchands.

L'intérieur du port est détérioré, depuis que, pour opposer une digue aux Anglois dans la dernière guerre, on y fait couler à fond les carcasses de plusieurs navires. On a relevé ces bâtimens : mais il reste beaucoup de dépenses à faire, pour voir disparoître les amas de sable qui s'étoient élevés autour d'eux, & pour remettre les choses dans l'état où elles étoient. Ces travaux ne souffriront ni délai, ni retardement; puisque le port, quoique d'une grandeur médiocre, est le seul où les vaisseaux de tous les rangs puissent hiverner; le seul où ils trouveront des mâts, des voiles, des cordages, & une grande facilité à se procurer de l'eau excellente qui y arrive de plus d'une lieue, par un canal très-bien entendu.

C'est à son voisinage que l'assaillant fera toujours son débarquement, sans qu'il soit possible de l'en empêcher, quelques précautions que l'on prenne. La guerre de campagne qu'on pourroit lui opposer ne seroit pas longue; & l'on seroit bientôt réduit à s'ensevelir dans des fortifications.

Autrefois elles se réduisoient à celles du fort Royal, où l'ignorance avoit fait enfouir sous une chaîne de montagnes des dépenses extravagantes. Tout l'art des plus habiles ingénieurs n'a pu donner une grande force de résistance à des ouvrages construits au hasard par l'incapacité même, sans aucun plan suivi. Il a fallu se borner à ajouter un chemin couvert, un rempart, & des flancs aux parties de la place qui en étoient susceptibles. Cependant le travail le plus important a été de creuser dans le roc, qui se prête aisément à tout ce qu'on en veut faire, des souterrains aérés, sains, propres à mettre en sûreté les munitions de guerre & de bouche, les malades, les soldats, ceux des habitans à qui l'attachement pour la métropole, inspireroit le courage de défendre la colonie. On a pensé que des hommes qui, après avoir bravé les périls sur un rempart, trouveroient un repos assuré dans ces souterrains, y oublieroient aisément leurs peines, & se présenteroient avec une nouvelle vigueur aux assauts de l'ennemi. Cette idée est heureuse & sage. Elle appartient, si ce n'est pas à un gouvernement patriotique, du moins à quelque ministre éclairé par un esprit d'humanité.

Mais la bravoure qu'elle doit exciter ne suffisoit pas pour conserver une place qui est dominée de tous les côtés. On a donc cru qu'il falloit chercher une position plus avantageuse ; & on l'a trouvée dans le morne Garnier, plus haut de trente-cinq à quarante pieds que les points les plus élevés du Patate, du Tartanson & du Cartouche, qui tous plongent sur le fort Royal.

Sur cette élévation, a été construite une citadelle composée de quatre bastions. Ceux du front, le chemin couvert, les cîternes, les magasins à poudre, tous ces moyens de défense sont prêts. Il ne reste plus à construire que les cazernes & quelques autres bâtimens civils. Alors, quand même les redoutes & les batteries établies pour réduire l'ennemi à aller faire sa descente plus loin que l'ance à la case où il a pris terre à la dernière invasion, n'opéreroient pas l'effet qu'on s'en est promis, la colonie opposeroit une résistance d'environ trois mois. Quinze cens hommes défendront Garnier trente ou trente-six jours contre une armée de quinze mille hommes; & douze cens hommes se soutiendront vingt ou vingt-cinq jours dans le fort Royal, qui ne peut être assailli qu'a- près la prise de Garnier. Voilà ce qu'on peut attendre d'une dépense de 10,000,000 de liv.

Une dépense si considérable a paru dépla- cée à ceux qui croient que c'est à la marine seule de protéger les colonies. Dans l'im- puissance où l'on étoit, disent-ils, d'élever en même tems des fortifications & de cons- truire des vaisseaux; il falloit préférer les moyens de première nécessité, à des ressour- ces qui ne sont que du second ordre. S'il est sur-tout dans le caractère de l'impétuosité Françoise d'attaquer plutôt que de se défen- dre, c'est à elle de détruire des forteresses & non d'en construire; ou plutôt il ne lui con- vient d'élever que de ces remparts ailés &

mobiles qui vont porter la guerre, au lieu de l'attendre. Toute puiſſance qui aſpire au commerce, aux colonies, doit avoir des vaiſſeaux qui enfantent des hommes & des richeſſes, qui augmente la population & la circulation, tandis que des baſtions & des ſoldats ne ſervent qu'à conſumer des forces & des vivres. Ce que la cour de Verſailles peut ſe promettre des dépenſes qu'elle a faites à la Martinique, c'eſt que ſi cette iſle eſt attaquée par le ſeul ennemi qui ſoit à craindre, on aura le tems de la ſécourir. Le génie Anglois va lentement dans les ſièges. Il marche toujours en règle. Rien ne le détourne d'achever les ouvrages d'où dépend la ſûreté des aſſaillans. La vie du ſoldat lui eſt plus précieuſe que le tems. Peut-être cette maxime, ſi ſenſée en elle-même, n'eſt-elle pas bien appliquée dans le climat dévorant de l'Amérique : mais c'eſt la maxime d'un peuple chez lequel le ſoldat eſt un homme au ſervice de l'état, & non pas un mercenaire aux gages du prince. Quoiqu'il en ſoit du ſort à venir de la Martinique, il eſt tems de connoître le ſort actuel de la Guadeloupe.

XXVII.
Les François envahissent la Guadeloupe. Calamités qu'ils y éprouvent.

Cette isle, dont la forme est fort irrégulière, peut avoir quatre-vingt lieues de tour. Elle est coupée en deux par un petit bras de mer, qui n'a pas plus de deux lieues de long, sur une largeur de quinze à quarante toises. Ce canal connu sous le nom de rivière salée, est navigable: mais ne peut porter que des pirogues.

La partie de l'isle qui donne son nom à la colonie entière, est hérissée dans son centre de rochers affreux où il règne un froid continuel, qui n'y laisse croître que des fougères & quelques arbustes inutiles couverts de mousse. Au sommet de ces rochers, s'élève à perte de vue, dans la moyenne région de l'air, une montagne appellée la Souphrière. Elle exhale par des ouvertures, une épaisse & noire fumée, entremêlée d'étincelles visibles pendant la nuit. De toutes ces hauteurs coulent des sources innombrables qui vont porter la fertilité dans les plaines qu'elles arrosent, & tempérer l'air brûlant du climat par la fraîcheur d'une boisson si renommée, que les galions qui reconnoissoient autrefois les isles du Vent, avoient ordre de renouveller leurs provisions, de cette eau pure & salubre.

Telle eſt la portion de l'iſle, nommée par excellence la Guadeloupe. Celle qu'on appelle communément la Grande-Terre, n'a pas été ſi bien traitée par la nature. Son ſol n'eſt pas auſſi fertile, ni ſon climat auſſi ſain & auſſi agréable. Elle eſt à la vérité moins hachée & plus unie : mais les rivières lui manquent généralement. On n'y voit pas même des fontaines. Des aqueducs, qui n'entraîneroient pas de grandes dépenſes, la feront jouir, ſans doute, avec le tems, de cet avantage de l'autre partie de la colonie.

Aucune nation Européenne n'avoit occupé cette iſle, lorſque cinq cens cinquante François, conduits par deux gentilshommes nommés Lolive & Dupleſſis, y arrivèrent de Dieppe le 28 juin 1635. La prudence n'avoit pas dirigé leurs préparatifs. Leurs vivres avoient été ſi mal choiſis, qu'ils s'étoient corrompus dans la traverſée ; & on en avoit embarqué ſi peu, qu'il n'en reſta plus au bout de deux mois. La métropole n'en envoyoit pas ; Saint-Chriſtophe en refuſa, ſoit par diſette, ſoit faute de volonté ; & les premiers travaux de culture qu'on avoit faits dans le pays, ne pouvoient encore rien donner. Il ne restoit de ressource à la colonie que dans les sauvages : mais le superflu d'un peuple, qui, cultivant peu, n'avoit jamais formé de magasins, ne pouvoit être considérable. On ne voulut pas se contenter de ce qu'ils apportoient volontairement eux-mêmes. La résolution fut prise de les dépouiller; & les hostilités commencèrent le 6 janvier 1636.

Les Caraïbes ne se croyant pas en état de résister ouvertement à un ennemi qui tiroit tant d'avantage de la supériorité de ses armes, détruisirent leurs vivres, leurs habitations, & se retirèrent à la Grande-Terre ou dans les isles voisines. C'est de-là que les plus furieux repassant dans l'isle d'où on les avoit chassés, alloient s'y cacher dans l'épaisseur des forêts. Le jour, ils perçoient de leurs flèches empoisonnées, ils assommoient à coup de massue tous les François qui se dispersoient pour la chasse ou pour la pêche. La nuit, ils brûloient les cases, & ravageoient les plantations de leurs injustes ravisseurs.

Une famine horrible fut la suite de ce genre de guerre. Les colons en vinrent jusqu'à brouter l'herbe, jusqu'à manger leurs propres excrémens, jusqu'à déterrer les cadavres pour

s'en

s'en nourrir. Plusieurs qui avoient été esclaves à Alger, détestèrent la main qui avoit brisé leurs fers; tous maudissoient leur existence. C'est ainsi qu'ils expièrent le crime de leur invasion, jusqu'à ce que le gouvernement d'Aubert eut amené la paix avec les sauvages, à la fin de 1640. Quand on pense à l'injustice des hostilités que les Européens ont commises dans toute l'Amérique, on est tenté de se réjouir de leurs désastres, & de tous les fléaux qui suivent les pas de ces féroces oppresseurs. L'humanité, brisant alors tous les nœuds du sang & de la patrie qui nous attachent aux habitans de notre hémisphère, change de liens, & va contracter au-delà des mers, avec les sauvages Indiens, la parenté, qui unit tous les hommes, celle du malheur & de la pitié.

Cependant, le souvenir des maux qu'on avoit éprouvés dans une isle envahie, excita puissamment aux cultures de première nécessité, qui amenèrent ensuite celles du luxe de la métropole. Le petit nombre d'habitans, échappés aux horreurs qu'ils avoient méritées, fut bientôt grossi par quelques colons de Saint-Christophe, mécontens de leur situation; par des Européens, avides de

XXVIII. *La Guadeloupe sort peu-à-peu de la misère: mais ne devient une colonie florissante, qu'après avoir été conquise par l'Angleterre.*

I

nouveautés; par des matelots, dégoûtés de la navigation; par des capitaines de navire, qui venoient, par prudence, confier au fein d'une terre prodigue, un fonds de richeffe fauvé des caprices de l'océan. Mais la profpérité de la Guadeloupe fut arrêtée où traverfée par des obftacles qui naiffoient de fa fituation.

La facilité qu'avoient les Pirates des ifles voifines de lui enlever fes beftiaux, fes efclaves, fes récoltes même, la réduifit plus d'une fois à des extrèmités ruineufes. Des troubles intérieurs, qui prenoient leur fource dans des jaloufies d'autorité, mirent fouvent fes cultivateurs aux mains. Les aventuriers qui paffoient aux ifles du Vent, dédaignant une terre plus favorable à la culture qu'aux armemens, fe laiffèrent attirer à la Martinique par le nombre & la commodité de fes rades. La protection de ces intrépides corfaires, amena dans cette ifle tous les négocians qui fe flattèrent d'y acheter à vil prix les dépouilles de l'ennemi, & tous les cultivateurs qui crurent pouvoir s'y livrer fans inquiétude à des travaux paifibles. Cette prompte population devoit introduire le gouvernement civil & militaire des Antilles à la Martinique. Dès-lors, le ministère de la métropole s'en occupa plus férieusement que des autres colonies, qui n'étoient pas autant fous fa direction; & n'entendant parler que de cette isle, y versa le plus d'encouragemens.

Cette préférence fit que la Guadeloupe n'avoit, en 1700, pour toute population que trois mille huit cens vingt-cinq blancs; trois cens vingt-cinq fauvages, nègres, ou mulâtres libres; fix mille fept cens vingt-cinq efclaves, dont un grand nombre étoient Caraïbes. Ses cultures fe réduifoient à foixante petites fucreries; foixante-fix indigoteries; un peu de cacao, & beaucoup de coton. Elle poffédoit feize cens vingt bêtes à poil, & trois mille fix cens quatre-vingt-dix-neuf bêtes à corne. C'étoit le fruit de foixante ans de travaux.

La colonie ne fit des progrès remarquables, qu'après la pacification d'Utrecht. On y comptoit neuf mille fix cens quarante-trois blancs, quarante-un mille cent quarante efclaves, & les bestiaux, les vivres proportionnés à cette population, lorfqu'au mois d'avril 1759, elle fut conquife par les armes de la Grande-Bretagne.

La France s'affligea de cette perte : mais la colonie eut des raisons pour se consoler d'un événement en apparence si fâcheux. Durant un siège de trois mois, elle avoit vû détruire ses plantations, brûler les bâtimens qui servoient à ses fabriques, enlever une partie de ses esclaves. Si l'ennemi avoit été obligé de se retirer après tous ces dégâts, l'isle restoit sans ressource. Privée du secours de la métropole, qui n'avoit pas la force d'aller à son secours, & faute de denrées à livrer, ne pouvant rien espérer des Hollandois, que la neutralité amenoit sur ses rades ; elle n'auroit pas eu de quoi subsister jusqu'au tems des reproductions de la culture.

Les conquérans la délivrèrent de cette inquiétude. A la vérité, les Anglois ne sont pas marchands dans leurs colonies. Les propriétaires des terres, qui, pour la plupart, résident en Europe, envoient à leurs représentans ce qui leur est nécessaire, & retirent, par le retour de leur vaisseau, la récolte entière de leurs fonds. Un commissionnaire établi dans quelque port de la Grande-Bretagne, est chargé de fournir l'habitation & d'en recevoir les produits. Cette méthode ne pouvoit être pratiquée à la Guadeloupe. Il fallut que le vainqueur adoptât, à cet égard, l'ufage des vaincus. Les Anglois, prévenus des avantages que la France retiroit de fon commerce avec fes colonies, fe hâtèrent d'expédier comme elle des vaiffeaux à l'ifle conquife, & multiplièrent tellement leurs expéditions, que la concurrence, excédant de beaucoup la confommation, fit tomber à vil prix toutes les marchandifes d'Europe. Le colon en eut prefque pour rien; & par une fuite de cette furabondance, obtint de longs délais pour le paiement.

A ce crédit de néceffité, fe joignit bientôt un crédit de fpéculation, qui mit la colonie en état de remplir fes engagemens. La nation victorieufe y porta dix-huit mille fept cens vingt-un efclaves, avec l'efpoir de retirer un jour de grands avantages de leurs travaux. Mais fon ambition fut trompée; & la colonie fut reftituée à fon ancien poffeffeur, au mois de juillet 1763.

L'état floriffant où la Guadeloupe avoit été élevée par les Anglois, frappa tout le monde, lorfqu'ils la rendirent. On conçut pour elle ce fentiment de confidération, qu'infpire

XXIX. Variations du miniftère de France dans le gouvernement de la

Guadeloupe. aujourd'hui l'opulence. La métropole la vit avec une forte de respect. Jusqu'alors elle avoit été subordonnée à la Martinique, comme toutes les isles Françoises du Vent. On la délivra de ces liens, qu'elle trouvoit honteux, en lui donnant une administration indépendante. Cet ordre de choses dura jusqu'en 1768. A cette époque, elle fut remise sous l'ancien joug. On l'en retira, en 1772, pour l'y faire rentrer six mois après. En 1775, on lui accorda de nouveau des chefs particuliers ; & il faut espérer qu'après tant de variations, la cour de Versailles se fixera à cet arrangement, le seul conforme aux principes d'une politique éclairée. Si le ministère s'écartoit jamais de cet heureux plan, il verroit encore les gouverneurs & les intendans prodiguer leurs soins, leur crédit, leurs affections à l'isle métropolitaine, immédiatement soumise à leur inspection ; tandis que l'isle asservie seroit abandonnée à des subalternes, sans force, sans considérations ; & par conséquent, sans aucun pouvoir, sans aucune volonté d'opérer le bien.

Les gens de guerre, qui ont opiné pour la réunion des deux colonies sous les mêmes chefs, fe fondoient fur l'avantage qu'il y auroit à pouvoir réunir les forces des deux ifles pour leur défenfe mutuelle. Mais ont-ils penfé, qu'entre la Martinique & la Guadeloupe, fe trouvoit à une diftance égale, la Dominique, établiffement Anglois, qu'on ne peut éviter, & qui infpecte également le double canal, qui le fépare des poffeffions Françoifes. Si vous êtes inférieur en forces maritimes, la communication eft impraticable, parce que les fecours refpectifs ne fauroient manquer d'être interceptés ; fi vous êtes fupérieur, la communication eft inutile, parce qu'il n'y a point d'invafion à craindre. Dans les deux cas, le fyftême qu'on veut établir n'eft qu'une chimère.

Il en feroit tout autrement, s'il s'agiffoit d'exécuter des projets offenfifs. La réunion des moyens propres à chaque ifle, pourroit devenir utile, néceffaire même dans ces circonftances. Alors, on confieroit le commandement militaire à l'un des gouverneurs, & fa prééminence cefferoit après l'entreprife projettée.

Mais convient-il de laiffer libre le verfement des productions territoriales d'une colonie dans l'autre ? Jufqu'à la conquête de la Guadeloupe par les Anglois, fes liaifons directes avec les ports de France s'étoient bornées à fix ou fept navires chaque année. Ses denrées, par des motifs plus ou moins réfléchis, prenoient la plupart la route de la Martinique. Lorfqu'à l'époque de la reftitution, l'adminiftration des deux ifles fut féparée, on fépara auffi leur commerce. Les communications ont été r'ouvertes depuis, & font encore permifes au tems où nous écrivons.

Cet ordre de chofes trouve des cenfeurs en France. Il faut, difent-ils avec amertume, que les colonies rempliffent leur deftination, qui eft de confommer beaucoup de marchandifes de la métropole, & de lui renvoyer une grande abondance de productions. Or, avec les plus grands moyens pour remplir cette double obligation, la Guadeloupe ne fera ni l'un ni l'autre, tout le tems qu'il lui fera permis de porter fes denrées à la Martinique. Cette liaifon fera toujours la caufe ou l'occafion d'un verfement immenfe dans les marchés étrangers, principalement à la Dominique. Ce n'eft qu'en coupant le pont de communication, qu'on arrêtera ce commerce frauduleux & qu'on déracinera l'habitude de la contrebande.

Ces argumens puifés dans l'intérêt particulier, n'empêchent pas que la Guadeloupe & la Martinique ne doivent être confirmées dans les liaifons qu'elles ont formées. La liberté eft le vœu de tous les hommes ; & le droit naturel de tout propriétaire eft de vendre à qui il veut & le plus qu'il peut les productions de fon fol. On s'eft écarté, en faveur de la métropole, de ce principe fondamental de toute fociété bien ordonnée ; & peut-être le falloit-il dans l'état actuel des chofes. Mais vouloir étendre plus loin les prohibitions, qu'éprouve le colon : vouloir le priver des commodités & des avantages qu'il peut trouver dans une communication fuivie ou paffagere avec fes propres concitoyens ; c'eft un acte de tyrannie que le commerce de France rougira un jour d'avoir follicité, & qui ne fera jamais accordé que par un miniftere ignorant, corrompu ou lâche. Si, comme on le prétend, la navigation actuellement permife entre les deux ifles, donne une portion de leurs denrées à des rivaux rufés & avides, le gouvernement trouvera des moyens honnêtes pour faire couler dans le sein du royaume les richesses territoriales de la Guadeloupe & des petites isles qui en dépendent.

XXX. Quelles sont les dépendances de la Guadeloupe.

La Desirade, éloignée de quatre ou cinq lieues de la Guadeloupe, est une de ces isles. Son terrein, excessivement aride & de dix lieues de circonférence, ne compte que peu d'habitans, tous occupés de la culture de quelques pieds de café, de quelques pieds de coton. On ignore en quel tems précisément a commencé cet établissement, mais il est moderne.

Les Saintes, éloignées de trois lieues de la Guadeloupe, sont deux très-petites isles qui, avec un islot, forment un triangle & un assez bon port. Trente François, qu'on y avoit envoyés en 1648, furent bientôt forcés de les évacuer par une sécheresse extraordinaire qui tarit la seule fontaine qui donnât de l'eau, avant qu'on eût eu le tems de creuser des citernes. Ils y retournerent en 1652, & y établirent des cultures durables qui produisent aujourd'hui cinquante milliers de café & cent milliers de coton.

A fix lieues de la Guadeloupe eft Marie-Galante, qui a quinze lieues de circuit. Les nombreux fauvages qui l'occupoient en furent chaffés, en 1648, par les François qui eurent des attaques vives & fréquentes à repouffer pour fe maintenir dans leur ufurpation. C'eft un fol excellent où s'eft fucceffivement formée une population de fept ou huit cens blancs & de fix ou fept mille noirs, la plupart occupés de la culture du fucre.

Saint-Martin & Saint-Barthelemi font auffi dans la dépendance de la Guadeloupe, quoiqu'ils en foient éloignés de quarante-cinq & cinquante lieues. On a parlé de la premiere de ces ifles dans l'hiftoire des établiffemens Hollandois. Il refte à dire quelque chofe de la feconde.

On lui donne dix à onze lieues de tour. Les montagnes ne font que des rochers & fes vallées que des fables, jamais arrofées par des fources ou par des rivieres, & beaucoup trop rarement par les eaux du ciel. Elle eft même privée des commodités d'un bon port, quoique tous les géographes l'aient félicité de cet avantage. En 1646, cinquante François y furent envoyés de Saint-Chriftophe.

Maſſacrés par les Caraïbes en 1656, ils ne furent remplacés que trois ans après. L'aridité du ſol les fit recourir au bois de gayac qui couvroit leur nouvelle patrie, & dont ils firent de petits ouvrages qu'on recherchoit aſſez généralement. Cette reſſource eut un terme, & le ſoin de quelques beſtiaux qui alloient alimenter les iſles voiſines, la remplaça. La culture du coton ne tarda pas à ſuivre, & la récolte s'en éleve à cinquante ou ſoixante milliers, lorſque, ce qui arrive le plus ſouvent, des ſéchereſſes opiniâtres ne s'y oppoſent pas. Juſqu'à ces derniers tems, les travaux ont tous été faits par les blancs; & c'eſt encore la ſeule des colonies Européennes établies dans le Nouveau-Monde, où les hommes libres daignent partager avec leurs eſclaves les travaux de l'agriculture. Le nombre des uns ne paſſe pas quatre cens vingt-ſept, ni celui des autres trois cens quarante-cinq. L'iſle, dans ſon plus grand rapport, en nourriroit difficilement beaucoup davantage.

La miſere de ſes habitans eſt ſi généralement connue, que les corſaires ennemis qu'on y a vu ſouvent relâcher, ont toujours fidelement payé le peu de rafraîchissemens qui leur ont été fournis, quoique les forces manquassent pour les y contraindre. Il y a donc encore de la pitié, même entre des ennemis & dans l'ame des corsaires. Ce n'est donc que la crainte & l'intérêt qui rendent l'homme méchant. Il n'est jamais cruel gratuitement. Le pirate armé, qui pille un vaisseau richement chargé, n'est pas sans équité ni sans entrailles pour des insulaires que la nature a laissés sans ressource & sans défense.

Au premier Janvier 1777, la Guadeloupe, en y comprenant les isles plus ou moins fertiles soumises à son gouvernement, comptoit douze mille sept cens blancs de tout âge & de tout sexe, treize cens cinquante noirs ou mulâtres libres, & cent mille esclaves, quoique leur dénombrement ne montât qu'à quatre-vingt-quatre mille cent.

XXXI. Situation actuelle de la Guadeloupe & des petites isles qui lui sont soumises.

Ses troupeaux comprenoient neuf mille deux cens vingt chevaux ou mulets, quinze mille sept cens quarante bêtes à corne, & vingt-cinq mille quatre cens moutons, porcs ou chevres.

Elle avoit pour ses cultures quatre cens quarante-neuf mille six cens vingt-deux pieds de cacao ; onze millions neuf cent soixante-quatorze mille quarante-six pieds de coton ; dix-huit millions sept cens quatre-vingt-dix-neuf mille six cens quatre-vingt pieds de café ; trois cens quatre-vingt-huit sucreries qui occupoient vingt-six mille quatre-vingt-huit quarrés de terre.

Son gouvernement, son tribut & ses impositions étoient les mêmes qu'à la Martinique.

Si ces supputations fréquentes fatiguent un lecteur oisif, on espere qu'elles ennuieront moins des calculateurs politiques qui, trouvant dans la population & la production des terres la juste mesure des forces d'un état, en sauront mieux comparer les ressources naturelles des différentes nations. Ce n'est que par un registre bien ordonné de cette espece qu'on peut juger avec quelque exactitude de l'état actuel des puissances maritimes & commerçantes qui ont des établissemens dans le Nouveau-Monde. Ici, l'exactitude fait le mérite de l'ouvrage ; & l'on doit peut-être tenir compte à l'auteur des agrémens qui lui manquent, en faveur de l'utilité qui les remplace. Assez de tableaux éloquens, assez de peintures ingénieuses amusent & trompent la multitude fur les pays éloignés. Il eft tems d'apprécier la vérité, le réfultat de leur hiftoire, & de favoir moins ce qu'ils ont été que ce qu'ils font : car l'hiftoire du paffé, fur-tout par la maniere dont elle a été écrite, n'appartient guere plus au fiecle où nous vivons que celle de l'avenir. Encore une fois, qu'on ne s'étonne plus de voir répéter fi fouvent un dénombrement de negres & d'animaux, de terres & de productions ; en un mot, des détails qui, malgré la féchereffe qu'ils offrent à l'efprit, font pourtant les fondemens phyfiques de la fociété.

La Guadeloupe doit obtenir de fes cultures une maffe de productions très-confidérable, & même plus confidérable que la Martinique. Elle a beaucoup plus d'efclaves ; elle en emploie moins à fa navigation & à fon commerce ; elle en a placé un grand nombre fur un fol inférieur à celui de fa rivale, mais qui, étant en grande partie nouvellement défriché, donne des recoltes plus abondantes que des terres fatiguées par une longue exploitation. Auffi eft-il prouvé que fes plantations qui ne font pas dévorées par les fourmis, lui forment un revenu fort fupérieur à celui qu'obtient la Martinique. Cependant quatre-vingt & un bâtimens de la métropole n'enleverent, en 1775, de cette isle que cent quatre-vingt-huit mille trois cens quatre-vingt-six quintaux six livres de sucre brut ou terré, qui rendirent en Europe 7,137,930 liv. 16 f.; soixante-trois mille vingt-neuf quintaux deux livres de café, qui rendirent 2,993,860 liv. 19 sols; quatorze cens trente-huit quintaux vingt-sept livres d'indigo, qui rendirent 1,222,529 liv. 10 f.; mille vingt-trois quintaux cinquante-neuf livres de cacao, qui rendirent 71,651 liv. 6 f.; cinq mille cent quatre-vingt-treize quintaux soixante-quinze livres de coton, qui rendirent 1,298,437 liv. 10 f.; sept cens vingt-sept cuirs, qui rendirent 6973 liv.; seize quintaux cinquante-six livres de carret, qui rendirent 16,560 livres; douze quintaux soixante-deux livres de canefice, qui rendirent 336 liv. 14 f. 10 d.; cent vingt-cinq quintaux de bois, qui rendirent 3125 liv. Ces sommes réunies ne se montent qu'à 12,751,404 liv. 16 sols 10 deniers.

Quelques productions de la colonie passoient à la Martinique. Elle livroit ses sirops & quelques autres denrées aux Américains,

de

de qui elle recevoit du bois, des bestiaux, des farines & de la morue ; ses cotons à la Dominique qui lui fournissoit des esclaves ; ses sucres à Saint-Euftache qui payoit en argent ou en lettres-de-change & en marchandises des Indes Orientales.

La vigilance des derniers administrateurs a mis quelques bornes à ces liaisons interlopes. Aussi-tôt se sont multipliés les navires François destinés à l'extraction des denrées. L'habitude en a conduit beaucoup dans la Guadeloupe proprement dite, à Saint-Charles de la Basse-terre, où se faisoient autrefois tous les chargemens, quoique ce ne soit qu'une rade foraine dont l'accès est difficile, & où le séjour est dangereux : mais un plus grand nombre se sont portés à la Pointe-à-Pitre.

C'est un port profond & assez sûr, placé à l'une des extrêmités de la Grande-Terre. Il fut découvert par les Anglois dans le tems qu'ils resterent les maîtres de la colonie ; & ils s'occupoient du soin de lui donner de la salubrité, lorsque la paix leur arracha leur proie. La cour de Versailles suivit cette idée d'un vainqueur éclairé, & fit tracer, sans

K

délai, le plan d'une ville qui s'eſt accrue très-rapidement. La nature, les vents, le giſſement des côtes : tout veut que le commerce preſque entier d'une ſi belle poſſeſſion ſe concentre dans cet entrepôt. Il ne doit reſter à Saint-Charles que la réunion des beaux ſucres des Trois-Rivieres, & des cafés qui ſe récoltent dans les quartiers du Baillif, de Deshays, de Bouillante & de la Pointe-Noire. Cependant cette ville continuera à être le ſiege du gouvernement, puiſque c'eſt-là qu'eſt la force, que ſont les fortifications.

Si l'on en croyoit quelques obſervateurs, la colonie devroit s'attendre à décheoir. Sa partie, connue ſous le nom de Guadeloupe, & cultivée depuis très long-tems, n'eſt pas, diſent-ils, ſuſceptible d'une grande amélioration. Ils aſſurent, d'un autre côté, que la Grande-Terre ne ſe ſoutiendra pas dans l'état floriſſant où un heureux haſard l'a portée. Ce vaſte eſpace, couvert preſque uniquement de ronces, il y a dix-ſept ou dix-huit ans, & qui fournit aujourd'hui les trois cinquiemes des richeſſes territoriales, n'a pas un bon ſol. Les ſucres y ſont d'une qualité très-inférieure. Privé de forêts, de roſées & de rivieres, il eſt expoſé à de fréquentes ſéchereſſes qui détruiſent ſes beſtiaux & ſes productions. Le tems ne fera qu'accroître ces calamités.

Nous ſommes bien éloignés d'adopter ces inquiétudes ; & l'on jugera des raiſons de notre ſécurité. Les fléaux d'une guerre malheureuſe avoient comme anéanti la Guadeloupe. Mais à peine eut-elle ſubi un joug étranger en 1759, que ſes cultivateurs ſe hâterent de relever les ruines de leurs manufactures pour profiter du haut prix que le conquérant mettoit à leurs productions. Les trois années qui ſuivirent la reſtitution furent employées à réédifier des bâtimens conſtruits avec précipitation. Dans les années 1767 & 1768, les chemins de la colonie furent tous refaits, & l'on ouvrit une communication facile entre la Guadeloupe & la Grande-Terre, par le moyen de deux levées de trois mille toiſes chacune, qu'il fallut pratiquer dans des marais. Antérieurement & poſtérieurement à cette époque, furent érigées des fortifications conſidérables & plus de cent batteries ſur les côtes. Ces travaux ont long-tems privé les terres d'une partie des bras deſtinés à les féconder. Actuellement que les eſclaves ſont tous rendus à leurs atteliers, n'eſt-ce pas une heureuſe néceſſité que les denrées ſe multiplient?

La colonie a d'autres raiſons encore pour eſpérer des accroiſſemens rapides. Il lui reſte des terreins en friche, & ceux qui ſont déja cultivés ſont ſuſceptibles d'amélioration. Ses dettes ſont peu conſidérables. Avec moins de beſoins que les établiſſemens où la richeſſe a depuis long-tems multiplié les goûts & les deſirs, elle peut accorder davantage au progrès de ſes cultures. Les iſles Angloiſes continueront à lui fournir des eſclaves, ſi les navigateurs François ſe bornent toujours à lui en porter annuellement cinq ou ſix cens, comme ils l'ont fait. La réunion de ces circonſtances fait préſumer que la Guadeloupe arrivera bientôt d'elle-même au faîte de ſa proſpérité, ſans le ſecours & malgré les entraves du gouvernement.

XXXII. *Meſures priſes par la France pour préſerver la Guadeloupe de l'invaſion.*

Mais la France peut-elle s'aſſurer de jouir long-tems & tranquillement de cette poſſeſſion? Si l'ennemi qui attaqueroit la colonie ne vouloit que ravager la Grande-Terre, y enlever les eſclaves & les beſtiaux, il ſeroit impoſſible de l'en empêcher, ou même de l'en punir, à moins qu'on ne lui opposât une armée. Le fort Louis, qui défend cette partie de l'établissement, n'est qu'un misérable fort à étoile, incapable d'une résistance un peu opiniâtre. Tout ce que l'on pourroit se promettre, ce seroit d'empêcher que la dévastation ne s'étendît plus loin. La nature du pays offre plusieurs positions plus heureuses les unes que les autres, pour arrêter sûrement un assaillant, quelle que soit sa valeur, quelles que soient ses forces. Il seroit donc obligé de se rembarquer, pour aller attaquer la Guadeloupe proprement dite.

Sa descente ne pourroit s'opérer qu'à la baie des Trois-Rivieres & à celle du Baillif; ou plutôt ces deux endroits seroient plus avantageux au succès de son entreprise, parce qu'ils l'approcheroient plus près que tous les autres du fort Saint-Charles de la Basse-Terre, & qu'ils lui présenteroient moins d'obstacles à surmonter.

Qu'il préfere de ces deux plages celle qu'il lui plaira, il ne trouvera en arrivant à terre, qu'un terrein couvert de bois, coupé de rivieres, de chemins creux, de gorges, d'escarpemens, qu'il faudra passer sous le feu des partis François. Lorfque, par la fupériorité de fes forces, il aura vaincu ces difficultés, il fera arrêté par la hauteur du grand Camp. C'eft un plateau que la nature a entouré de la riviere du Gallion, & de ravines effroyables. L'art y a ajouté des parapets, des barbettes, des flancs, des embrâfures, pour donner à l'artillerie qu'on y a placée la meilleure direction qu'il étoit poffible. Ce retranchement, quoique redoutable, doit être pourtant forcé. On ne préfume pas qu'un général intelligent pût jamais fe déterminer à laiffer derriere lui un pofte de cette nature. Ses convois feroient trop expofés, & il ne pourroit que difficilement fe procurer tout ce qui eft néceffaire pour fes opérations du fiege du fort Saint-Charles.

Si ceux qui furent chargés les premiers de mettre en fûreté la Guadeloupe, euffent été gens de guerre, ou même fimplement ingénieurs, ils n'auroient pas manqué de prendre la pofition qui fe trouve entre la riviere de la grande Anfe & celle du Gallion, pour leur point à fortifier. Leur place auroit eu du côté de la mer un front qui auroit renfermé un baffin capable de contenir une quarantaine de navires, qui eût inquiété les vaisseaux ennemis au large, & qui eût été lui-même hors d'insulte. Ses fronts, du côté des rivieres de la Grande-Anse & du Gallion eussent été inaccessibles, étant assis sur le sommet de deux escarpemens fort roides. Le quatrieme front auroit été le seul attaquable, & il étoit aisé de le renforcer autant qu'on auroit voulu.

En se déterminant à la position actuelle du fort Saint-Charles, les ouvrages qu'on y construisit auroient dû au moins se flanquer, se défiler réciproquement de la mer & des hauteurs. Mais on s'éloigna si fort des bons principes, que les feux des fortifications furent tout-à-fait mal dirigés, que l'intérieur des ouvrages étoit vu à découvert de toutes parts, qu'on pouvoit battre les revêtemens par le pied.

Tel étoit le fort Saint-Charles, lorsqu'en 1764 on voulut s'occuper du soin de le mettre en état de défense. Peut-être eût-il convenu de le raser, & de placer les nouvelles fortifications sur la position qu'on a indiquée. On se borna à revêtir d'ouvrages extérieurs le mauvais fort élevé par des mains mal habiles;

d'y ajouter deux baſtions du côté de la mer ; un bon chemin couvert qui regne tout autour avec des glacis, partie coupés & partie en pente douce ; deux grandes places d'armes rentrantes, ayant chacune un bon réduit, & derriere elles de bonnes tenailles, avec caponnieres & poternes de communication au corps de la place ; deux redoutes, l'une ſur la prolongation de la capitale de l'une des deux places d'armes, & l'autre à l'extrèmité d'un excellent retranchement fait le long de la riviere du Gallion, & dont le terreplein eſt défendu par le canon tiré d'un autre retranchement fait ſur le ſommet de l'eſcarpement du bord oppoſé de la même riviere ; des foſſés larges & profonds ; une citerne & un magaſin à poudre, à l'épreuve de la bombe ; enfin, aſſez de ſouterrains pour loger le tiers de la garniſon. Tous ces dehors bien entendus, ajoutés au fort, mettront un commandant actif & expérimenté, en état de ſoutenir avec deux mille hommes, un ſiege de deux mois, & peut-être davantage. Quoi qu'il en puiſſe être de la réſiſtance qu'oppoſera la Guadeloupe aux attaques de ſes ennemis, il eſt tems de s'occuper de Saint-Domingue.

Cette iſle a cent ſoixante lieues de long. Sa largeur moyenne eſt à-peu-près de trente, & ſon circuit de trois cens cinquante ou de ſix cens, en faiſant le tour des Anſes. Elle eſt coupée dans toute ſa longueur, qui va de l'eſt à l'oueſt, par une chaîne de montagnes d'où l'on tiroit de l'or, avant que le continent de l'Amérique eût offert des mines infiniment plus riches.

XXXIII.
Courte deſcription de l'iſle de S. Domingue.

Le navigateur qui approche de la partie Eſpagnole n'apperçoit qu'un amas informe de terres entaſſées, couvertes d'arbres & découpées vers la mer par des baies ou des promontoires : mais il eſt dédommagé de cette vue peu riante par le parfum des fleurs d'acacia, d'oranger ou de citronnier que les vents de terre lui portent ſoir & matin du fond des bois.

La côte Françoiſe, quoique cultivée, n'offre pas un aſpect beaucoup plus riant. C'eſt toujours un horizon ſemblable; ce ſont par-tout les mêmes accidens, les mêmes cultures, les mêmes couleurs, les mêmes bâtimens. L'œil fatigué ne peut ſe repoſer en aucun endroit, ſans retrouver ce qu'il quitte, ſans revoir ce qu'il a vu. Il n'y a que la partie du nord, remplie de riches plantations, depuis l'océan jufqu'à la cime des collines, qui offre une perfpective digne de quelque attention. Ce payfage eft unique dans l'ifle, fans être comparable à ceux de l'Europe où la nature & l'art font bien plus féconds en beautés touchantes.

Les chaleurs font toujours vives dans la plaine. Quoique la température des vallons dépende, en partie, de leur ouverture à l'eft ou à l'oueft, on peut dire en général que l'air, humide & frais avant & après le coucher du foleil, y eft embrafé dans la journée. La différence du climat n'eft véritablement fenfible que fur les montagnes. Le thermomètre y eft à dix-fept degrés à l'ombre, lorfqu'à la même expofition, il eft à vingt-cinq dans la plaine.

XXXIV.
Des vagabonds François fe refugient à S. Domingue.

L'Efpagne occupoit, fans fruit comme fans partage, cette grande poffeffion, lorfque des Anglois & des François qui avoient été chaffés de Saint-Chriftophe, s'y réfugièrent en 1630. Quoique la côte feptentrionale où ils s'étoient d'abord établis, fût comme abandonnée, ils fentirent que, pouvant y être inquiétés par leur ennemi commun, ils voient se ménager un lieu sûr pour leur retraite. On jetta les yeux sur la Tortue, petite isle située à deux lieues de la grande ; & vingt-cinq Espagnols qui la gardoient, se retirèrent à la première sommation.

Les aventuriers des deux nations, maîtres absolus d'une isle qui avoit huit lieues de long sur deux de large, y trouvèrent un air pur, mais point de rivières & peu de fontaines. Des bois précieux couvroient les montagnes, des plaines fécondes attendoient des cultivateurs. La côte du Nord paroissoit inaccessible. Celle du Sud offroit une rade excellente, dominée par un rocher, qui ne demandoit qu'une batterie de canons pour défendre l'entrée de l'isle.

Cette heureuse position attira bientôt à la Tortue, une foule de ces gens qui cherchent la fortune ou la liberté. Les plus modérés s'y livrèrent à la culture du tabac, qui ne tarda pas à avoir de la réputation. Les plus actifs alloient chasser des bœufs sauvages à Saint-Domingue, dont ils vendoient les peaux aux Hollandois. Les plus intrépides armèrent en course, & firent des actions d'une témérité brillante, dont le souvenir durera long-tems.

Cet établissement alarma la cour de Madrid. Jugeant par les pertes qu'elle essuyoit déja des malheurs qui la menaçoient, elle ordonna la destruction de la nouvelle colonie. Le général des Galions choisit pour exécuter sa commission, l'instant où la plupart des braves habitans de la Tortue étoient à la mer ou à la chasse. Il fit prendre ou passer au fil de l'épée, avec la barbarie qui étoit alors si familière à sa nation, tous ceux qu'il trouva isolés dans leurs habitations; & il se retira sans laisser de cargaison, persuadé que les vengeances qu'il venoit d'exercer, rendoient cette précaution inutile. Mais il éprouva que la cruauté n'est pas le meilleur garant de la domination.

Les aventuriers instruits de ce qui venoit de se passer à la Tortue, avertis en mêmetems qu'on venoit de former à Saint-Domingue un corps de cinq cens hommes destiné à les harceler, sentirent qu'ils ne pouvoient éviter leur ruine, qu'en cessant de vivre dans l'anarchie. Aussi-tôt sacrifiant l'indépendance individuelle à la sûreté sociale, ils mirent à leur tête Willis, Anglois, qui s'étoit distingué dans cent occasions par sa prudence &

par fa valeur. Sous la conduite de ce chef, on reprit poffeffion fur la fin de 1638, d'une ifle qu'on avoit occupée pendant huit ans ; & pour ne plus la perdre, on s'y fortifia.

Les François fe reffentirent bientôt de la partialité de l'efprit national. Willis ayant attiré un affez grand nombre de fes compatriotes, pour être en état de donner la loi, traita les autres en fujets. C'eft-là le progrès naturel de la domination. Ainfi fe font formées la plupart des monarchies. Des compagnons d'exil, de guerre ou de piraterie, fe donnent un capitaine, & celui-ci ne tarde pas à s'ériger en maître. Il partage d'abord le pouvoir ou le butin avec les plus forts, jufqu'à ce que la multitude écrafée par le petit nombre, enhardiffe le chef à s'emparer de toute la puiffance, & la monarchie alors n'eft plus que defpotifme. Mais il faut des fiècles & de grands états pour donner carrière à cette fuite de révolutions. Une ifle de feize lieues quarrées, n'eft pas faite pour ne contenir que des efclaves. Le commandeur de Poinci, gouverneur général des ifles du Vent, averti de la tyrannie de Willis, fit partir fur le champ de Saint - Chriftophe quarante François qui en prirent cinquante autres à la côte de Saint-Domingue. Ils débarquèrent à la Tortue, & s'étant joints aux habitans de leur nation, ils fommèrent tous enfemble les Anglois de fe retirer. Ceux-ci déconcertés par cet acte de vigueur inattendu, & ne doutant pas que tant de fierté ne fût foutenue par des forces plus nombreufes qu'elles ne l'étoient, évacuèrent l'ifle pour n'y plus revenir.

L'Efpagnol montra plus d'opiniâtreté. Les corfaires qui fortoient tous les jours de la Tortue, lui caufoient des pertes fi confidérables, qu'il crut que fa tranquillité, fa gloire & fes intérêts exigeoient également qu'il la fît rentrer fous fa domination. Trois fois il réuffit à s'en emparer, & trois fois il en fut chaffé. Enfin elle refta en 1659 aux François, qui l'évacuèrent lorfqu'ils fe virent folidement établis à Saint-Domingue, mais fans renoncer à fa propriété. Le gouvernement en a toujours tiré les bois néceffaires à fes conftructions, au fervice de fon artillerie, aux befoins de fes troupes, jusqu'à ce qu'un ministre avide l'ait arrachée au fisc, pour en augmenter l'héritage de sa famille.

Cependant les progrès de ces aventuriers furent lents & ne fixèrent les regards de la métropole qu'en 1665. Ce n'est pas qu'on ne vit errer d'une isle à l'autre assez de chasseurs & de pirates : mais le nombre des cultivateurs qui étoient proprement les seuls colons, étoit excessivement borné. On sentoit la nécessité de les multiplier ; & le soin de cet ouvrage difficile fut confié à un gentilhomme d'Anjou, nommé Bertrand Dogeron.

Cet homme que la nature avoit formé pour être grand par lui-même, sans le secours, ou malgré les traverses de la fortune, avoit servi quinze ans dans le régiment de la Marine, lorsqu'en 1656 il passa dans le Nouveau-Monde. Avec les meilleures combinaisons, il échoua dans ses premières entreprises : mais la fermeté qu'il montra dans ses malheurs, donna plus d'éclat à sa vertu ; & les ressources qu'il eut l'habileté de se procurer, ajoutèrent à l'opinion qu'on

XXXV. La cour de Versailles avoue ces hommes entreprenans, lorsque leur situation a pris de la stabilité, & leur donne un gouverneur.

avoit de fon génie. L'eftime & l'attachement qu'il avoit infpiré aux François de Saint-Domingue & de la Tortue, engagèrent le gouvernement à le charger d'en diriger, ou plutôt d'en établir la colonie.

L'exécution de ce projet étoit remplie de difficultés. Il s'agiſſoit d'élever l'ordre focial fur les ruines d'une féroce anarchie; de réduire le brigandage indépendant, fous l'autorité fainte & févère des loix; de reproduire le fentiment de l'humanité dans des ames endurcies par l'habitude du crime; de fubftituer les inftrumens innocens de l'agriculture aux armes deftructives du meurtre; de réfoudre à une vie laborieufe des barbares accoutumés à l'oifiveté, compagne des rapines; d'infpirer la patience à des hommes violens; la préférence des fruits lents d'un travail opiniâtre, à des jouiffances rapides, obtenues d'un coup de main; le goût de la paix à la foif du fang; la crainte du péril à celui qui fe plaifoit à le chercher; l'eftime de la vie à celui qui la méprifoit; enfin le refpect pour le privilège d'une compagnie exclufive formée en 1664 pour tous les établiffemens François, à celui qui n'avoit jamais rien refpecté, respecté, & qui étoit en possession de traiter librement avec toutes les nations. Après avoir obtenu tous ces sacrifices, il falloit par les douceurs d'une administration chérie, attirer de nouveaux habitans dans une terre dont le climat étoit aussi décrié que la fertilité en étoit peu connue.

Dogeron espéra, contre l'opinion de tout le monde, qu'il réussiroit. L'habitude de vivre avec les hommes qu'il devoit gouverner, lui avoit appris les moyens les plus propres à les gagner : & ses lumieres n'en offroient à son ame honnête que de nobles & de justes. Les Flibustiers étoient déterminés à chercher des parages plus avantageux : il les retint, en leur cédant la part que sa place lui donnoit sur leur butin, en leur obtenant du Portugal des commissions pour courir sur les Espagnols, même après qu'ils eurent fait la paix avec la France. C'étoit l'unique moyen d'attacher à la patrie des hommes qui en fussent devenus les ennemis plutôt que de renoncer au pillage. Les boucaniers ou les chasseurs qui ne souhaitoient que des ressources pour former des habitations, trouvoient dans sa bourse des avances sans intérêt, ou bien en obtenoient

L

par son crédit. Pour les cultivateurs qu'il chérissoit par préférence à tous les autres colons, il les fécondoit par tous les encouragemens qui dépendoient de son industrieuse activité.

Ces changemens heureux n'avoient besoin que de prendre de la consistance. Le sage gouverneur imagina que des femmes pouvoient seules cimenter à jamais le bonheur des hommes & la prospérité de la colonie, par les doux plaisirs qui amenent la population. Cette idée étoit naturelle. Mais quelles devoient être les femmes dont on pouvoit se promettre des effets aussi doux ! Des femmes nées de parens honnêtes & bien élevées, des femmes sages & laborieuses ; des femmes qui devinssent un jour dignes épouses & tendres meres. La disette absolue d'un sexe, dans le nouvel établissement, condamnoit l'autre au célibat. Dogeron songea à remédier à cette espece d'indigence qui est la plus cruelle à supporter, & qui précipite l'homme dans la mélancolie & dans le dégoût d'une vie qui manque pour lui de l'attrait le plus puissant. La métropole lui fit passer cinquante jeunes personnes qu'on n'obtint qu'au plus haut prix. Bientôt après il en reçut un pareil nombre qui furent obtenues à des encheres encore plus fortes. Elles furent vendues comme des esclaves, & achetées comme une marchandife ordinaire. Ce fut l'argent & non le choix de leur cœur qui décida de leur deftinée. Qu'attendre d'unions ainfi contractées ? Cependant c'étoit la feule voie de fatisfaire la paffion la plus impétueufe fans entraîner des querelles, & de propager le fang des hommes fans le verfer. Tous les habitans s'attendoient à voir arriver de leur patrie des compagnes qui viendroient adoucir & partager leur fort. Ils furent trompés dans leur efpérance. On ne leur envoya plus que des filles de joie, de viles & méprifables créatures qui s'embarquerent avec tous les vices de l'ame & du corps attachés à une abjecte condition dont elles étoient bien éloignées de rougir, puifqu'elles ne montrerent aucune répugnance à s'engager pour trois ans au fervice des hommes. Cette maniere de purger la métropole en infectant la colonie, entraîna de fi grands défordres, qu'on fupprima un remede funefte, mais fans fubvenir au befoin qu'il devoit appaifer. Par cette négligence, Saint-Domingue perdit un grand nombre de braves gens que l'inquiétude éloigna de fes bords, & un accroiffement de population qu'auroient pu lui procurer les colons qui lui reftoient fideles. La colonie s'eft long-tems reffentie, & fe reffent peut-être encore d'une faute fi capitale.

Cette erreur n'empêcha pas que Dogeron dans le court efpace de quatre ans, ne portât à quinze cens le nombre des cultivateurs qu'il avoit trouvé à quatre cens. Ses fuccès augmentoient tous les jours, lorfqu'il les vit arrêtés en 1670 par un foulevement dont l'incendie embrâfa la colonie entiere. Perfonne ne lui imputa le malheur d'un événement où il n'avoit pas en effet la moindre part.

Lorfque cet homme vertueux fut nommé par la cour de France au gouvernement de la Tortue & de Saint-Domingue, il ne réuffit à faire connoître fon autorité, qu'en laiffant efpérer que les ports qui lui alloient être foumis ne feroient pas fermés aux étrangers. Cependant, avec l'afcendant qu'il prit fur les efprits, il établit peu-à-peu dans fa colonie, le privilege exclusif de la compagnie, qui parvint à négocier enfin sans concurrens. Mais sa prospérité la rendit injuste au point qu'elle vendoit ses marchandises deux tiers de plus qu'on ne les avoit payés jusqu'alors aux Hollandois. Un monopole si destructif souleva les habitans. Ils prirent les armes, & ne les mirent bas, après un an de trouble, qu'à condition que tous les vaisseaux François auroient la liberté de trafiquer avec eux, en payant à la compagnie cinq pour cent d'entrée & de sortie. Dogeron qui étoit l'auteur de l'accommodement, saisit cette circonstance pour se procurer deux bâtimens, destinés en apparence à porter ses récoltes en Europe ; mais qui réellement étoient plus à ses colons qu'à lui. Chacun y embarquoit des denrées pour un fret modique. Au retour, le généreux gouverneur faisoit étaler la cargaison à la vue du public. Tous y prenoient ce dont ils avoient besoin, non-seulement au prix de l'achat primitif, mais à crédit, sans intérêt, & même sans billet. Dogeron avoit imaginé qu'il leur donneroit de la probité, de l'élévation, en se contentant de leur promesse verbale pour toute sûreté. Il fit voir par cette conduite que le cœur humain lui étoit bien connu. Celui que vous avez avili à ses propres yeux par de la méfiance, n'ayant rien à perdre dans votre esprit, ne se fera aucun scrupule de se montrer dans l'occasion, fourbe, lâche, traître, imposteur tel qu'il est, ou même peut-être tel qu'il n'est pas, mais tel qu'il sait que vous l'avez jugé; tandis que celui auquel vous avez témoigné de l'estime, ne se dégradera point s'il le méritoit, ou se piquera d'honneur s'il ne le méritoit pas. Supposer aux hommes des vertus ou des vices, c'est souvent un moyen de leur en donner. La mort surprit en 1675 Dogeron au milieu de ces soins paternels.

Ministres & dépositaires de l'autorité royale, au lieu de ces longues & inutiles instructions, dressées par des commis aussi ignorans qu'avides, & remises à ceux que vous préposez à l'administration des colonies, qui ne les ouvrent que pour les mépriser; faites écrire pour leur usage la vie de Dogeron, & qu'elle finisse par ces mots : AYEZ LES VERTUS DE CET HOMME, ET CONFORMEZ VOTRE CONDUITE A LA SIENNE.

O Dogeron ! ta cendre inhonorée repofe dans quelque endroit peut-être inconnu de Saint-Domingue ou de la Tortue. Mais fi ta mémoire s'eſt éteinte dans ces contrées ; fi ton nom tranfmis des peres aux enfans ne s'y prononce pas avec attendriffement, les neveux des colons que tu rendis heureux par tes talens, ton défintéreffement, ton courage, ta patience & tes travaux, font des ingrats qui ne méritent pas d'autres gouverneurs que la plupart de ceux qu'on leur envoye.

Dogeron laiffa pour tout héritage des exemples patriotiques à fuivre, des vertus humaines & fociales à cultiver. Pouancey lui fuccéda : mais avec les qualités de fon oncle, il ne fut pas auffi grand, parce qu'il marcha fur fes traces par efprit d'imitation, plutôt que par caractère. Cependant la multitude qui ne fait pas ces diftinctions, n'accorda guere moins de confiance à l'un qu'à l'autre ; & ils eurent tous deux la gloire & le bonheur de donner une forme & de la ftabilité à la colonie, fans loix & fans foldats. Leur fens naturel & leur droiture reconnue, terminoient à la fatisfaction de tout le monde, les différends qui s'élevoient entre les particuliers ; & l'ordre public étoit maintenu par cette autorité que prend naturellement le mérite personnel.

Une constitution si sage ne pouvoit durer. Il falloit trop de vertu pour la perpétuer. On s'apperçut en 1685 que tous les liens se relâchoient : & l'on tira de la Martinique, où la police avoit déja pris de bonnes racines, deux administrateurs qui furent chargés d'établir la regle & la subordination à Saint-Domingue. Ces législateurs assurerent l'ouvrage de la civilisation, en formant des tribunaux de justice en différens quartiers, sous la révision d'un conseil supérieur qui fut érigé au petit Goave. Cette jurisdiction devenant trop étendue avec le tems, on créa en 1701 un semblable tribunal au cap François, pour la partie du Nord.

Toutes ces innovations pouvoient éprouver des difficultés. Il étoit à craindre que les chasseurs & les corsaires qui formoient le gros de la population, ennemis du frein qu'on mettoit à leur licence, ne se retirassent chez les Espagnols & à la Jamaïque, où l'offre séduisante de grands avantages sembloit les appeller. Les cultivateurs eux-mêmes y étoient comme attirés, par le dégoût que leur donnoit le vil prix de leurs productions, dont le commerce étoit chargé d'entraves continuelles. On gagna les premiers à force de careffes, & les feconds par la perfpective d'un changement dans leur fituation, qui étoit vraiment défefpérée.

Les cuirs, fruit unique des courfes des boucaniers, avoient été le premier objet d'exportation de Saint-Domingue. La culture y ajouta depuis le tabac qui trouvoit un débit avantageux chez toutes les nations. Il fut bientôt gêné par une compagnie exclufive. On la fupprima, mais inutilement pour la vente du tabac, puifqu'elle fut mife en ferme. Les habitans efpérant pour prix de leur foumiffion, quelque faveur du gouvernement, offrirent au roi de lui donner, affranchi de tous frais, même de celui du fret, le quart de tout le tabac qu'ils enverroient dans le royaume, à condition qu'ils auroient la difpofition libre des trois autres quarts. Ils prouvoient que cette voie apporteroit au fifc plus de revenu que les quarante fols pour cent qu'il retiroit du fermier. Des intérêts particuliers firent rejetter une ouverture si raisonnable.

Dans ces circonstances, je suis toujours étonné de la patience des opprimés. Je me demande pourquoi ils ne se rassemblent pas tous ; & se transportant chez l'homme du ministere qui les gouverne, ils ne lui disent pas ; " Nous sommes las d'une autorité qui „ nous vexe. Sortez de notre contrée, & „ allez dire à celui que vous représentez ici „ que nous ne sommes pas des rebelles, parce „ que c'est contre un bon roi qu'on se ré- „ volte, & qu'il n'est qu'un tyran contre „ lequel nous avons le droit de nous soulever. „ Ajoutez que s'il est jaloux de posséder une „ contrée déserte, il sera bientôt satisfait : „ car nous sommes tous résolus à périr, „ plutôt que de vivre plus long-tems mal- „ heureux sous une administration injuste „. Le colon ne prit pas le parti du désespoir : mais dans son dépit, il tourna heureusement son activité vers la culture de l'indigo & du cacao. Le coton le tenta par des richesses que cette plante avoit données aux Espagnols dans les premiers tems : mais il s'en dégoûta bientôt, on ne sait pour quelle raison, &

l'abandonna au point que quelques années après, on ne voyoit pas un seul cotonnier sur pied.

Jusqu'alors les travaux avoient été faits par les engagés, & par les plus pauvres des habitans. Des expéditions heureuses sur les terres des Espagnols, procurèrent quelques nègres. Leur nombre fut un peu grossi par deux ou trois vaisseaux François, & beaucoup plus par les prises qu'on fit sur les Anglois durant la guerre de 1688, par une descente à la Jamaïque, d'où l'on en enleva trois mille en 1694. C'étoient des instrumens sans lesquels on ne pouvoit entreprendre la culture du sucre : mais ils ne suffisoient pas. Il falloit des richesses pour élever des bâtimens, pour se procurer des ustensiles. Le gain que firent quelques habitans avec les Flibustiers, dont les expéditions étoient toujours heureuses, les mit en état d'employer les esclaves. On se livra donc à la plantation de ces cannes, qui font passer l'or du Mexique aux mains des nations qui n'ont au lieu de mines que des terres fécondes.

Cependant la colonie qui, même en se dépeuplant d'Européens, avoit fait au milieu

XXXVI. Le minis tère forme

<small>une compagnie pour la partie du Sud de S. Domingue.</small> des ravages qui précédèrent la paix de Riſwich, quelques progrès au Nord & à l'Oueſt, n'étoit rien au Sud. Cette partie ne comptoit pas cent habitans tous logés ſous des hutes, & tous miſérables. Le gouvernement n'imagina pas de meilleur moyen pour tirer quelque avantage d'un ſi grand terrein, que d'en accorder en 1698 pour un demi-ſiecle, la propriété à une compagnie qui prit le nom de Saint-Louis.

Elle s'engagea ſous peine de voir ſon octroi annullé, à former une caiſſe de douze cens mille livres; à tranſporter, dans les cinq premières années, ſur l'étendue de ſa conceſſion, quinze cens blancs & deux mille cinq cens noirs; cent des premiers, deux cens des ſeconds, chacune des années ſuivantes. On la chargeoit de diſtribuer des terres à tous ceux qui en demanderoient. Chacun ſelon ſes beſoins & ſes talens, devoit obtenir des eſclaves payables en trois ans, les hommes à raiſon de ſix cens francs, les femmes pour quatre cens cinquante livres. Le même crédit étoit accordé pour les marchandiſes.

A ces conditions, le privilège aſſuroit à la nouvelle ſociété le droit d'acheter & de vendre exclusivement dans tout le territoire qui lui avoit été abandonné, mais seulement aux prix établis dans les autres quartiers de l'isle. Encore cette dépendance onéreuse au colon étoit-elle adoucie par la liberté qui lui restoit de prendre où il voudroit toutes les choses dont on le laisseroit manquer, & de payer avec ses denrées ce qu'il auroit acheté.

Le monopole se détruit par son avidité même. C'est un torrent qui se perd dans les gouffres qu'il creuse. La compagnie de Saint-Louis est une preuve de fait ajoutée à cent autres, pour confirmer le vice & l'abus des sociétés exclusives. Elle fut ruinée par les infidélités, par les profusions de ses agens, sans que le territoire confié à ses soins profitât de tant de pertes. Ce qui s'y trouva de culture, de population, lorsqu'elle remit en 1720 ses droits au gouvernement, étoit pour la plus grande partie l'ouvrage des interlopes.

C'est durant la longue & sanglante guerre ouverte pour la succession d'Espagne, que s'étoit opéré ce commencement de bien. Il sembloit devoir faire de rapides progrès, avec la tranquillité que la paix d'Utrecht rendit aux nations. Une de ces calamités

XXXVII. Malgré les calamités qu'elle éprouve, la colonie de S. Domingue devient le plus bel établisse-

ment du
Nouveau-
Monde.

que les hommes ne peuvent prévoir, recula
de si belles espérances. Tous les cacaoyers
de la colonie périrent en 1715. Dogeron
avoit planté les premiers en 1665. Ils s'é-
toient multipliés avec le tems, sur-tout dans
les gorges des montagnes du côté de l'ouest.
On voyoit des habitations où il y en avoit
jusqu'à vingt mille ; de sorte que quoique le
cacao ne se vendit que 5 sols la livre, il étoit
devenu une source abondante de richesses.

Des cultures importantes compensoient
cette perte avec usure, lorsqu'un spectacle
des plus affligeans consterna la colonie entière.
Un assez grand nombre de ses habitans, qui
avoient consacré vingt ans d'un travail continuel sous un ciel brûlant, à se préparer
une vieillesse heureuse dans la métropole,
y étoient passés avec une fortune suffisante
pour payer leurs dettes & pour acquérir des
terres. Leurs denrées leur furent payées en
billets de banque, qui périrent dans leurs
mains. Ce coup accablant les força à retour-
ner pauvres dans une isle d'où ils étoient
sortis riches, & les réduisit à demander, dans
un âge avancé, de l'occupation aux mêmes
gens qui avoient été autrefois à leur service.

La vue de tant d'infortunés infpira un grand éloignement pour la compagnie des Indes qu'on rendoit refponfable de ces calamités. Cette averfion, née de la compaffion feule, ne tarda pas à fe changer en une haine profonde ; & ce ne fut pas fans de grands motifs.

Depuis leur établiffement, les colonies Françoifes recevoient leurs efclaves des mains du monopole, & en recevoient par conféquent fort peu & à un prix exorbitant. Réduit en 1713, à l'impoffibilité de continuer fes opérations languiffantes, le privilège affocia lui-même à fon commerce les négocians particuliers, fous la condition qu'ils lui paieroient quinze livres pour chaque noir qu'ils porteroient aux ifles du Vent, & trente pour ceux qu'ils introduiroient à Saint-Domingue. Cette nouvelle combinaifon fut fuivie d'une telle activité, que le gouvernement commença enfin à fe détacher de l'exclufif, en conférant, en 1716, la traite de Guinée aux ports de Rouen, de Bordeaux, de Nantes & de la Rochelle. Il devoit leur en coûter deux piftoles pour chaque efclave qui arriveroit en Amérique : mais les denrées qui proviendroient de la vente de ces malheureux étoient déchargées de la moitié des droits auxquels les autres productions étoient asservies.

On commençoit à sentir le bien qu'alloit produire cette liberté, toute imparfaite qu'elle étoit, puisqu'elle se bornoit à quatre rades ; lorsque Saint-Domingue fut encore condamné à recevoir ses cultivateurs de la compagnie des Indes, qui n'étoit même obligée de lui en fournir que deux mille chaque année. En vérité, on ne sait ce qui doit le plus étonner dans le cours des événemens rélatifs au Nouveau-Monde, ou de la rage des premiers conquérans qui le dévastèrent, ou de la stupidité des gouverneurs qui, par une suite de réglemens insensés, semblent s'être proposé, ou d'en perpétuer la misère, ou de l'y replonger lorsqu'il se promettoit d'en sortir.

Ce fut en 1722 qu'arrivèrent dans la colonie les agens d'un corps odieux. Les édifices qui servoient à leurs opérations, furent réduits en cendres. Les vaisseaux qui leur arrivoient d'Afrique, ou ne furent pas reçus dans les ports, ou n'eurent pas la liberté d'y faire leurs ventes. Le gouverneur général qui voulut s'opposer à une licence excitée par
l'abus

l'abus de l'autorité, vit méprifer des ordres qui n'étoient pas foutenus de la force ; il fut même arrêté. Toutes les parties de l'ifle retentiffoient de cris féditieux & du bruit des armes. On ne fait où ces excès auroient été pouffés, fi le gouvernement n'avoit eu la modération de céder. Pour cette fois, les peuples ne furent point châtiés du délire de celui qui les gouvernoit ; & le duc d'Orléans montra bien, dans cette circonftance, qu'il n'étoit point un homme ordinaire, en s'avouant lui-même coupable d'une rebellion qu'il avoit excitée par une inftitution vicieufe, & qui auroit été févérement punie fous un adminiftrateur moins éclairé ou moins modéré. Après deux ans de troubles & de confufion, les inconvéniens qu'entraîne l'anarchie, ramenèrent les efprits à la paix ; & la tranquillité fe trouva rétablie, fous les remèdes violens de la rigueur.

Depuis cette époque, jamais colonie ne mit fi bien le tems à profit que Saint-Domingue. Ses pas vers la profpérité furent prompts & foutenus. Les deux guerres malheureufes qui troublèrent fes mers, ne firent qu'en comprimer le reffort. Sa force s'en accrut ;

fon action en devint plus rapide. La plaie
fe referme bientôt, lorfque la conftitution
du corps n'eft pas altérée. Beaucoup de
maladies ne font dans l'état & dans l'animal
que des efpèces de remèdes qui diffipent les
humeurs vicieufes, & reftituent une vigueur
nouvelle à un tempérament robufte. Les
indifpofitions funeftes à l'un & à l'autre,
ce font celles qui, étant lentes, les tiennent
dans un mal-aife habituel & les conduifent
imperceptiblement au tombeau. Mais après
que celles qui font vives ont caufé une crife
violente, le délire ceffe, la foibleffe fe paffe;
& il s'établit, avec le recouvrement de la
force, un mouvement uniforme & régulier
qui promet à la machine une longue durée.
Ainfi la guerre femble renforcer & foutenir
le caractère national chez plufieurs peuples
de l'Europe, que la profpérité du commerce
& les jouiffances du luxe pourroient énerver
& corrompre. Les pertes énormes qui fuivent
prefque également la victoire & les défaites,
laiffent place à l'induftrie & raniment le travail. Les nations refleuriffent, pourvu que
le gouvernement veuille feconder leur pente,
plutôt que de diriger leur marche. Ce principe

est sur-tout applicable à la France, qui ne demande pour prospérer, qu'un champ ouvert à l'activité de ses habitans. Par-tout où la nature leur laisse une libre carrière, ils réussissent à lui donner tout son essor. Saint-Domingue a singuliérement éprouvé tout ce que peut un sol heureux, une position avantageuse, entre les mains des François.

La partie du Sud, occupée par cette nation, s'étend actuellement depuis la Pointe-à-Pitre jusqu'au cap Tiburon. A l'époque de leurs conquêtes dans le Nouveau-Monde, les Espagnols avoient bâti sur cette côte deux grandes bourgades qu'ils abandonnèrent dans des jours moins brillans. La place qu'on laissoit vuide ne fut pas d'abord remplie par les François qui devoient craindre le voisinage de San-Domingo, où étoient concentrées les principales forces de la puissance sur la ruine de laquelle ils s'élevoient. Leurs corsaires, qui s'assembloient ordinairement dans la petite isle à Vache, pour courir sur les Castillans, & pour y partager le butin qu'ils avoient fait, enhardirent quelques cultivateurs à commencer, en 1673, un petit établissement dans le continent. Presque aussi-tôt

XXXVIII. Etablissemens formés dans la partie du Sud de S. Domingue.

détruit, il ne fut repris qu'aſſez long-tems après. La compagnie établie pour l'affermir & pour l'étendre, remplit mal ſes obligations. Il dut ſes progrès aux Anglois de la Jamaïque & aux Hollandois du Curaçao, qui, s'étant aviſés d'y porter des eſclaves, retiroient ſeuls les productions d'un ſol, que ſeuls ils mettoient en valeur. Ce ne fut qu'en 1740 que les négocians de la métropole ouvrirent les yeux. Depuis cette époque, ils ont un peu fréquenté cette partie de la colonie, malgré les vents qui en rendent ſouvent la ſortie longue & difficile.

Le quartier, qui eſt à l'Eſt de tous les autres établiſſemens, ſe nomme Jacmel. Il eſt formé par trois paroiſſes qui occupent trente-ſix lieues de côte, ſur une profondeur médiocre & très-inégale. Ce vaſte eſpace eſt rempli par cent-ſoixante caféyères, ſoixante-deux indigoteries, & ſoixante cotonneries. La plupart de leurs cultivateurs ſont pauvres, & ne peuvent jamais devenir bien riches. Un terrein généralement montueux, pierreux, expoſé aux ſéchereſſes, leur défend d'aſpirer à l'opulence. Cette ambition n'eſt permiſe qu'à ceux qui partagent la plaine de Jacmel. Il y a vingt habitations très-vaſtes, dont dix ſeulement ſont arroſées, quoique toutes ſoient ſuſceptibles de cet avantage : c'eſt-là que, dans un ſol uſé, on fait de l'indigo qui demanderoit des terres vierges. Lorſque les bras & les autres moyens d'une grande exploitation ne manqueront plus, on lui ſubſtituera le ſucre, qui réuſſit, auſſi-bien qu'on puiſſe le deſirer, dans la ſeule plantation où on ait commencé à le cultiver.

Aquin a quinze lieues ſur le rivage de la mer, & trois, quatre, quelquefois ſix lieues dans l'intérieur des terres. Cet établiſſement compte quarante plantations en indigo, vingt en café & neuf en coton. Ses montagnes, moins élevées que celles qui les joignent, ne jouiſſent par cette raiſon que de peu de ſources, que de peu de pluies, & ne promettent qu'une grande abondance de coton qu'on leur demandera quelque jour ſans doute. Pour ce qui concerne ſes plaines, elles furent autrefois aſſez floriſſantes : mais les ſéchereſſes, qui ont graduellement augmenté à meſure que le pays s'eſt découvert, ont de plus en plus diminué la quantité & la qualité de l'indigo qui faiſoit toute leur richeſſe. Cette plante, qui laisse la terre presqu'habituellement exposée aux ardeurs d'un soleil brûlant, doit être remplacée par le sucre qui la tiendra couverte dix-huit mois de suite, & y conservera long-tems les moindres fraîcheurs. Déja, quatre habitans des plus aisés ont fait ce changement dans leurs plantations. La nature du sol permet à vingt-cinq colons de suivre cet exemple; & ils s'y détermineront sans doute, lorsqu'ils en auront acquis les moyens, lorsque les eaux de la rivière Serpente auront été sagement distribuées. Dans l'état actuel des choses, toutes les productions du quartier se réunissent dans un seul bourg très-enfoncé dans les terres. L'impossibilité de les transporter sur la côte dans la saison des pluies, les frais indispensables pour les y voiturer dans les tems même les plus favorables, avoient fait imaginer de former cet entrepôt sur les bords d'une baie profonde où l'on embarque les denrées. Mais cette position n'offre pas un arpent de terre qu'on puisse cultiver; mais on n'y trouve point d'eau potable; mais les eaux stagnantes de la mer y corrompent l'air. Ces raisons ont fait perdre de vue un projet, dont les inconvéniens surpassoient les avantages.

Saint-Louis est une espèce de bourgade qui, quoique bâtie au commencement du siècle, n'a qu'une cinquantaine de maisons. Un très-bon port, même pour les vaisseaux de ligne, décida cet établissement. Sur un islet situé à l'entrée de la rade, on éleva des fortifications considérables qui, en 1748, furent détruites par les Anglois, & qui depuis n'ont pas été rétablies. Le territoire de ce quartier s'étend cinq à six lieues sur la côte. Ses montagnes, encore couvertes de bois d'acajou, sont la plupart susceptibles de culture ; sa plaine inégale offre quelquefois un sol fertile, & ses nombreux marais peuvent être desséchés. On n'y compte que vingt cafeyères, quinze indigoteries, six cotonneries & deux sucreries. Cette dernière production réussiroit dans dix ou douze plantations, sur-tout si elles étoient arrosées par les eaux de la rivière Saint-Louis, comme on le croit très-praticable.

Cavaillon n'occupe que trois lieues sur les bords de l'océan. C'est une grande gorge qui s'étend huit ou neuf lieues dans les terres. Elle est partagée par une assez grande rivière qui, malheureusement dans les grosses pluies, se répand au loin & cause souvent de grands malheurs. A deux lieues de son embouchure est un petit bourg où arrivent les navires & où ils chargent les denrées que fourniffent vingt plantations de café, dix d'indigo, six de coton & dix-sept de sucre. Le nombre des dernières pourroit être aisément doublé dans une plaine qui a cinq ou six mille quarreaux d'étendue : mais les trois les plus floriffantes de celles qui exiftent ont à peine atteint la moitié de leur culture; & les autres ne donnent qu'un foible produit & de mauvaise qualité. Les montagnes, quoique couvertes d'une terre excellente, ne rempliffent pas le vuide. Les conceffions que le gouvernement y a faites refteront incultes, jufqu'à ce qu'on ait pratiqué des chemins pour l'extraction des denrées. Cette entreprise, qui eft au-deffus des moyens des habitans, devoit être exécutée par les troupes. L'oifiveté & des marais infects ont engourdi jufqu'ici les foldats, les ont fait périr fur les rivages de la mer : la fraîcheur des lieux élevés, l'air pur qu'on y refpire, un travail modéré, l'aifance dont il feroit jufte de les faire jouir; toutes ces caufes réunies ne les maintiendroient-elles pas dans leurs forces naturelles, n'affureroient-elles pas leur confervation ?

La plaine du fonds de l'Ifle-à-Vache, contient vingt-cinq mille quarreaux d'un fol excellent par-tout, à l'exception de quelques parties que les torrens ont couvertes de gravier, & d'un petit nombre de marais, dont le defféchement ne feroit pas difficile. Il s'y eft fucceffivement formé quatre-vingt-trois fucreries, & l'on peut y en établir encore environ cinquante. Celles qui exiftent n'ont guère qu'un tiers de leur domaine en valeur; & cependant elles donnent une immenfe quantité de fucre brut. Qu'on juge de ce que le territoire entier en fourniroit, s'il étoit convenablement exploité. On pourroit compter fur un produit d'autant plus régulier, que les pluies manquent moins fouvent dans ce quartier que dans les autres, & que trois rivières qui y coulent, s'offrent pour ainfi dire d'elles-mêmes, pour l'arrofement de toutes les plantations.

Le fucre & l'indigo qui croiffent dans la plaine; le café & le coton qui defcendent des montagnes : tout eft porté à la ville des Cayes, formée par près de quatre cens maifons, toutes enfoncées dans un terrein marécageux, & la plupart environnées d'une eau croupiffante. L'air qu'on refpire dans ce féjour, manque également de reffort & de falubrité.

Cet entrepôt a été comme jetté fans réflexion dans l'enfoncement d'une rade qui n'a que trois paffes, dont la profondeur, infuffifante en elle-même, diminue encore tous les jours. Le mouillage y eft fort refferré, & fi dangereux durant l'équinoxe, que les bâtimens qui s'y trouvent alors, périffent très-fouvent. La grande quantité de vafe qu'y dépofent les eaux de la ravine du fud, s'accroît au point que dans vingt ans, on n'y pourra plus entrer. Le canal, formé par le voifinage de l'Ifle-à-Vache, n'y fert qu'à gêner la fortie des navigateurs. Ses anfes font le repaire des corfaires de la Jamaïque. C'eft-là que croifant fans voiles & voyant fans être vus, ils ont toujours l'avantage du vent, fur des bâtimens auxquels la force & le lit conftant des vents, ne permettent pas de paffer au-deffus de l'ifle. S'il étoit poffible que des vaiffeaux de guerre relâchaffent dans ce mauvais port, l'impoffibilité de vaincre cet obſtacle & celui des courans, pour gagner le vent de l'iſle, les forceroit de ſuivre la route des navires marchands. Ainſi, doublant la pointe de Labacou, l'un après l'autre, à cauſe des bas fonds, ces vaiſſeaux, qui ſe trouveroient entre la terre & le feu de l'ennemi, avec le déſavantage du vent, ſeroient infailliblement détruits par une eſcadre inférieure.

La mauvaiſe température de la ville, le vice de ſa rade ont fait deſirer à la cour de Verſailles que les affaires qui s'y traitent, ſe portaſſent à Saint-Louis. Ses efforts ont été inutiles, & ils devoient l'être ; parce qu'il eſt tout ſimple que les échanges s'établiſſent dans l'endroit qui produit & conſomme davantage. S'obſtiner à contrarier encore cet ordre de choſes preſcrit par la nature, ce ſeroit retarder en pure perte les progrès d'un bon établiſſement. Les caprices même de l'induſtrie méritent l'indulgence du gouvernement. La moindre inquiétude du négociant le conduit à la défiance. Les raiſonnemens politiques & militaires ne peuvent rien contre ceux de l'intérêt. Le commerce ne proſpère que dans un terrein qu'il a choiſi lui-même. Tout genre de contrainte l'effraie.

Ce que le ministere de France peut raisonnablement se proposer, c'est de retirer les tribunaux de Saint-Louis, qui n'est & ne sera jamais rien, pour les donner aux Cayes, où la population & les productions, déja considérables, doivent beaucoup augmenter; c'est de former un lit à une ravine dont les débordemens furieux causent souvent des ravages inexprimables; c'est de purifier & de fortifier un peu la ville. On feroit l'un & l'autre, en creusant tout autour un fossé, dont les déblais serviroient à combler les lagons intérieurs. Le sol, exhaussé par ce travail, se dessécheroit lui-même. L'eau de la riviere, qu'on feroit couler par une pente naturelle dans ce fossé profond, mettroit la ville, avec le secours de quelques fortifications, à l'abri des entreprises des corsaires, assureroit même une défense momentanée, qui donneroit les moyens de capituler devant une foible escadre.

On peut, on doit aller plus loin. Pourquoi ne pas donner un port factice à un entrepôt important, qui bientôt se trouvera bouché? Les navires marchands, qui vont chercher un asyle à la baie des Flamands, située à deux lieues au vent des Cayes, femblent y avoir défigné d'avance le havre dont cette ville a befoin. Ce port peut contenir un grand nombre de vaiffeaux, même de guerre, à l'abri de tous les vents; il leur offre plufieurs carenages; il leur permet de doubler au vent de l'Ifle-à-Vache, & de conferver avec la ville un cabotage qui, protégé par des batteries bien diftribuées, feroit refpecté de tous les corfaires. Un feul inconvénient diminue la faveur de cette pofition. C'eft que la qualité du fonds & le calme de la mer, y rendent la piquure des vers plus commune qu'ailleurs, & plus dangereufe pour les vaiffeaux.

L'Abacou eft une péninfule que l'abondance & la qualité de fon indigo, rendirent autrefois floriffante. Depuis que cette plante vorace a détruit tout principe de végétation, fur les petites collines très multipliées de ce quartier, on ne cultive avec quelques fuccès que les bords de la mer, enrichis de la dépouille des terres fupérieures. Cette dégradation a déterminé un affez grand nombre de colons à porter ailleurs leur activité. Ceux qui par habitude ou par raifon ont perfévéré dans leurs plantations, fe font agrandis de tout ce qui étoit à leur bienséance. Ils se soutiennent encore en laissant reposer une partie de leur héritage, pendant que l'autre est mise en valeur : mais cette ressource n'est pas ce qu'elle feroit en Europe. C'est l'opinion des habitans eux-mêmes, qui dirigent leur industrie vers le sucre, autant que leur fortune & leur crédit le leur permettent.

C'est sur les hauteurs défrichées, épuisées de ce quartier, qu'il conviendroit de multiplier les troupeaux. Le gouvernement s'est mépris, lorsqu'il a concédé des montagnes, sous la condition qu'on les couvriroit de bêtes à corne. Outre qu'il n'étoit pas raisonnable d'employer en pâturages des terres vierges, qu'on pouvoit rendre plus productives pour l'état; il étoit impossible d'espérer que des hommes entreprenans se feroient pasteurs, lorsqu'ils pouvoient tirer un meilleur parti de leur attelier, à quelque culture qu'ils l'employassent. On peut même assurer que les bestiaux seront toujours infiniment rares à Saint-Domingue, même dans les lieux qui ne peuvent pas avoir une autre destination, tout le temps que le monopole des boucheries subsistera dans la colonie.

Les Côteaux occupent environ dix lieues de rivage, fur une profondeur de deux juf-qu'à cinq lieues. Par-tout on trouve de petites anfes où le débarquement eft facile, fans qu'aucune offre un abri fûr contre les mauvais tems. Le quartier contient vingt-quatre cafeyères, trois cotonneries, foixante-fix indigoteries. Cette derniere production y a moins diminué en quantité, y a moins dégénéré en qualité qu'ailleurs, avantages qu'il faut attribuer à la nature & à la difpofition du terrein. Cependant le tems ne paroît pas éloigné où les bords de la mer verront s'élever quatorze ou quinze fucreries, fur les débris de la culture ancienne. L'habitude & la facilité d'obtenir des efclaves par des liaifons interlopes, rendront la révolution facile.

Tiburon, qui a douze lieues d'étendue fur les bords de la mer, & deux, trois, quatre dans l'intérieur des terres, termine la côte. La rade de ce cap n'offre pas un abri fuffifant contre les tempêtes: mais des batteries bien placées en peuvent faire un lieu de retraite & de protection, pour les bâtimens François pourfuivis en tems de guerre dans ces parages.

Cet établiffement a quatre habitations en coton, trente en indigo & trente-fept en café. Depuis la paix, il s'y eft formé quatre fucreries, dont le nombre peut s'élever à feize.

XXXIX.
Moyens qui pourroient améliorer les cultures dans le fud de la colonie.

Les établiffemens qu'on vient de parcourir, l'anguiffent tous dans une mifere plus ou moins grande. Auffi les ventes & les achats ne s'y font-ils pas avec des métaux, comme au nord & à l'oueft de la colonie. Au fud, on échange les marchandifes d'Europe contre les productions de l'Amérique. Il réfulte de cette fauvage pratique des difcuffions éternelles, des fraudes innombrables, des retards ruineux, qui éloignent les navigateurs, ceux principalement qui s'occupent du commerce des efclaves.

C'eft une vérité trop bien prouvée que la perte annuelle des noirs s'éleve naturellement au vingtième, & que les accidens la font monter au quinzième. Il fuit de cette expérience que la contrée qui nous occupe & qui réunit plus de quarante mille efclaves, en a vu mourir vingt-cinq mille en dix ans de tems. Huit mille cent trente-quatre Africains, que les armateurs François ont introduits

duits depuis 1763 jufqu'en 1773, n'ont pas affurément rempli ce grand vuide. Quel auroit donc été le fort de ces établiffemens, fi les interlopes n'avoient pourvu au remplacement ? Ce n'eft pas tout.

La partie du fud de Saint-Domingue a un grand défavantage. Les montagnes qui la dominent, la privent, ainfi que la côte de l'oueft, durant environ fix mois, des pluies du nord, du nord-eft, qui fécondent les campagnes feptentrionales. Elle fera donc en friche ou mal cultivée jufqu'à ce que les eaux du ciel y aient été remplacées par celles des rivieres. Cette opération, qui tripleroit les productions, exige de gros capitaux & beaucoup d'efclaves. Le commerce de France, foit impoffibilité, foit défiance, ne les fournit point.

Quel parti doit prendre le gouvernement ? Celui d'ouvrir pendant dix ou quinze ans cette portion de fa colonie à tous les étrangers. Les Anglois y porteront des noirs; les Hollandois feront des avances à un intérêt, que peuvent très-bien fupporter les cultures du Nouveau-Monde. Le fuccès eft infaillible, fi l'on fait des loix qui donnent une folidité convenable aux créances des deux nations.

Les ports de la métropole s'éleveront d'abord avec violence, contre cette innovation. Mais lorſque le monopole leur ſera rendu ; lorſqu'ils jouiront excluſivement de l'accroiſſement immenſe que la navigation, les ventes, les achats auront reçu, ils béniront la main courageuſe, qui aura préparé leur proſpérité.

XL. Etabliſſe-mens for-més dans l'oueſt de St. Domin-gue. L'Oueſt de la colonie eſt bien différent du Sud. Le premier établiſſement digne de quelque attention qui s'y préſente, c'eſt Jérémie ou la Grande-Anſe. Il occupe vingt lieues de côte, depuis Tiburon juſqu'au Petit-Trou, & quatre ou ſix lieues dans les terres. Comme c'eſt un quartier naiſſant, il n'y a guere que les bords de la mer qui ſoient habités, & encore le ſont-ils fort peu. Cependant toutes les denrées qui enrichiſſent le reſte de l'iſle y ſont cultivées. Une production qui lui eſt particuliere & dont il recueille annuellement cent cinquante milliers, c'eſt le cacao, qui ne réuſſiroit pas dans des cantons plus découverts. Le point de réunion eſt un bourg joliment bâti & situé sur une hauteur où l'air est très-salubre. Le tems doit rendre ce marché considérable. Malheureusement sa rade est mauvaise. Aussi-tôt que le vent du Nord souffle avec quelque violence, les navires sont obligés de se réfugier au cap Dame-Marie, où l'on n'a pris aucune mesure pour leur assurer une protection, ou d'aller chercher l'isle des Caymites exposée aux entreprises des corsaires.

Ce petit Goave eut autrefois un grand éclat; & il en fut redevable à un port où les vaisseaux de toute grandeur trouvoient un mouillage excellent, des facilités pour s'abattre, un abri contre tous les vents. C'étoit l'asyle le plus convenable pour des aventuriers, qui ne songeoient qu'à s'approprier les dépouilles des navigateurs Espagnols. Depuis que les cultures ont remplacé la piraterie, ce lieu a beaucoup perdu de sa célébrité. Ce qui lui reste de considération, il le doit à ses richesses territoriales, bornées à quinze plantations en sucre, vingt en café, & douze en indigo ou en coton; il le doit encore davantage au produit de vingt-quatre sucreries, de cinquante indigotteries, de foixante-fept cafeyeres, de trente-quatre cotonneries, que les paroiffes du Petit-Trou, de Lance-à-Veaux, de Saint-Michel & du grand Goave, verfent dans fon entrepôt. Il eft mal fain & le fera, jufqu'à ce qu'on ait réuffi à donner de la pente à la riviere Abaret, dont les eaux croupiffantes forment des marais infects.

Les dépendances de Léogane ont de l'étendue. On y compte vingt habitations confacrées à l'indigo, quarante au café, dix au coton, cinquante-deux au fucre. Avant le tremblement de terre de 1770, qui détruifit tout, la ville avoit quinze rues bien alignées & quatre cens maifons de pierre, qui ne font plus qu'en bois. Sa pofition dans une plaine étroite, féconde, arrofée, ne laifferoit pas beaucoup à defirer, fi un canal de navigation lui ouvroit une communication facile avec fa rade, qui n'eft éloignée que d'un mille.

S'il étoit raifonnable de faire une place de guerre fur la côte de l'Oueft, Léogane mériteroit la préférence. Elle eft affife fur un terrein uni; rien ne la domine, & les vaiffeaux ne peuvent pas l'infulter. Mais du moins auroit-il fallu la mettre à l'abri d'un coup de main, en l'enveloppant d'un rempart de terre avec un foſſé profond, qu'il eût été facile de remplir d'eau fans les moindres frais. Ces travaux auroient infiniment moins coûté, que ceux qui ont été entrepris au Port-au-Prince.

La premiere partie de l'iſle que les François cultiverent, fut celle de l'Oueſt, comme la plus éloignée des forces Eſpagnoles qu'on avoit alors à craindre. Située au milieu des côtes qu'ils occupoient, ils y établirent le ſiege du gouvernement. On le plaça d'abord au petit Goave ; il fut depuis transféré à Léogane; & c'eſt, en 1750, au Port-au-Prince, qu'on l'a fixé.

Le territoire de ce quartier contient quarante ſucreries, douze indigoteries, cinquante cafeyeres, quinze cotonneries. Ce produit eſt groſſi par d'autres beaucoup plus conſidérables, qui lui viennent des riches plaines du Cul-de-Sac, de l'Arcahaye & des montagnes du Mirbalais. Sous ce point de vue, le Port-au-Prince eſt un entrepôt important auquel il falloit ménager une protection ſuffiſante pour prévenir une surprise & pour assurer la retraite des citoyens. Mais convenoit-il d'y concentrer l'autorité civile & militaire, les tribunaux, les troupes, les munitions, les vivres, l'arsenal ; tout ce qui fait le soutien d'une grande colonie ? On en jugera.

Une ouverture d'environ quatorze cens toises, prises en ligne directe, dominée de deux côtés, est l'emplacement qu'on a choisi pour la nouvelle capitale. Deux ports, formés par des islets, ont servi de prétexte à ce mauvais choix. Le port des marchands, à moitié comblé, ne peut plus recevoir sans danger des vaisseaux de guerre ; & le grand port qui leur est destiné, aussi mal-sain que l'autre par les exhalaisons des islets, n'est défendu par rien, & ne le peut être contre un ennemi supérieur.

Une foible escadre suffiroit même pour en bloquer une plus forte, dans une position si désavantageuse. La Gonave, qui divise la baie en deux, laisseroit à la petite escadre une croisiere libre & sûre ; les vents de mer empêcheroient qu'on ne vînt à elle ; ceux de terre, en ouvrant la sortie du port aux vaisseaux qu'on lui opposeroit, lui faciliteroient le choix de la retraite entre les deux pertuis de Saint-Marc & de Léogane. A égalité de manœuvre, elle auroit toujours l'avantage de mettre la Gonave entre elle & l'efcadre Françoife.

Que feroit-ce, fi celle-ci fe trouvoit la moins nombreufe ? Défemparée & pourfuivie, elle ne pourroit atteindre une relâche auffi enfoncée que le Port-au-Prince, avant que le vainqueur eût profité de fa déroute. Si les vaiffeaux battus y arrivoient, aucun ouvrage n'empêcheroit l'ennemi de les pourfuivre prefqu'en ligne, & d'entrer jufques dans le port du roi où ils fe retireroient.

La plus heureufe des ftations, en fait de croifiere, eft celle qui donne la facilité d'accepter ou de refufer le combat, de n'avoir qu'un petit efpace à garder, de découvrir tout d'un point central, de trouver des mouillages fûrs au bout de chaque bordée, de pouvoir fe cacher fans s'éloigner, de faire du bois & de l'eau à volonté, de naviguer dans de belles mers, où l'on n'a que des grains à craindre. Tels font les avantages qu'une efcadre ennemie aura toujours fur les vaiffeaux François, mouillés au

Port-au-Prince. Une frégate pourroit sans risque, venir les y braver. Elle suffiroit pour intercepter à l'entrée ou à la sortie, tous les navires marchands qui navigueroient sans escorte.

Cependant un port si défavorable a décidé la construction de la ville. Elle occupe en longueur sur le rivage, douze cens toises ; c'est-à-dire, presque toute l'ouverture que la mer a creusée au centre de la côte de l'Ouest. Dans ce grand espace qui s'enfonce à une profondeur d'environ cinq cens cinquante toises, sont comme perdues cinq cens cinquante-huit maisons, ou cafes, dispersées dans vingt-neuf rues. L'écoulement des ravines qui tombent des mornes, entretient dans ce séjour une humidité continuelle & mal-saine. Ajoutez à cette incommodité, le peu de sûreté d'une place, qui, commandée du côté de la terre, est par-tout abordable du côté de la mer. Les islets même qui distinguent les deux ports, loin de garantir d'une descente, ne serviroient qu'à la couvrir.

Tel est l'emplacement que des intérêts particuliers ont fait malheureusement choisir pour y édifier la capitale de Saint-Domingue. Un tremblement de terre, arrivé en 1770, l'a détruite de fond en comble. C'étoit le moment du repentir. On avoit d'autant plus raifon de l'efpérer, que tout porte à croire que la nouvelle cité eft affife fur la voûte du volcan. Vain efpoir ! Les maifons particulières, les édifices publics : tout a été rétabli.

Infenfé Domingois, dors donc, puifque tu en as l'intrépidité, dors fur la couche fragile & mince qui te fépare de l'abîme de feu, qui bouillonne fous ton chevet. Ignore le péril qui te menace, puifque tes alarmes empoifonneroient tous les inftans de ta vie & ne te garantiroient de rien. Ignore combien ton exiftence eft précaire. Ignore qu'elle tient à la chûte fortuite d'un ruiffeau, à l'infiltration peut-être avancée d'une petite quantité des eaux qui t'environnent, dans la chaudière fouterraine à laquelle on a voulu que ton domicile fervît de couvercle. Si tu fortois un moment de ta ftupidité, que deviendrois-tu ? Tu verrois la mort circuler fous tes pieds. Le bruit fourd des torrens du foufre mis en expanfion, obféderoit ton oreille. Tu fentirois ofciller la croûte qui te foutient. Tu l'entendrois s'entr'ouvrir avec fracas. Tu t'élancerois de ta maifon. Tu courrois éperdu dans tes rues. Tu croirois que les murs de ton habitation, que tes édifices s'ébranlent, & que tu vas defcendre au milieu de leurs ruines, dans le gouffre creufé, finon pour toi, du moins pour tes infortunés defcendans. La confommation du défaftre qui les attend, fera plus courte que mon récit. Mais s'il exifte une juftice vengereffe des grands forfaits ; s'il eft des enfers : c'eft-là, je l'efpère, qu'iront gémir dans des flammes qui ne s'éteindront point, les fcélérats qui, aveuglés par des vues d'intérêt, en ont impofé au trône, & dont les funeftes confeils ont élevé le monument d'ignorance & de ftupidité que tu habites, & qui n'a peut-être qu'un moment à durer.

Saint-Marc, qui n'a que deux cens maifons, mais agréablement bâties, fe préfente au fond d'une baie couronnée d'un croiffant de collines, remplies de pierres de taille. Deux ruiffeaux traverfent la ville, & l'air qu'on y refpire eft pur. On ne compte fur fon territoire que dix fucreries, trente-deux indigoteries, cent cafeyères, foixante-douze cotonneries. Cependant fa rade, quoique mauvaife, attire un grand nombre de navigateurs; & c'eſt aux richeſſes de l'Artibonite qu'elle doit cet avantage.

C'eſt une excellente plaine de quinze lieues de long, fur une largeur inégale de quatre à neuf lieues. Elle eſt coupée en deux parties par la rivière qui lui a donné fon nom & qui coule rapidement fur fa crète, après avoir parcouru quelques poſſeſſions Efpagnoles & le Mirbalais. L'élévation de ces eaux a fait naître l'idée de les fubdivifer. Des opérations géométriques en ont démontré la poſſibilité : tant les nations favantes ont d'empire fur la nature. Mais un projet, appuyé fur la bafe des connoiſſances mathématiques exige des précautions extrèmes dans l'exécution.

Dans l'état actuel des chofes, les plantations formées fur la rive droite, font expofées à de fréquentes fécherefſes, qui ruinent fouvent les efpérances les mieux fondées. Celles de la rive gauche, fenfiblement plus baſſes, font bien arrofées & parvenues par cet avantage, au dernier période de leur culture. Les propriétaires des premières preſſent la diſtribution des eaux ; les autres la repouſſent, dans la crainte de voir leurs terres ſubmergées.

Si, comme le bruit en eſt généralement répandu, on a des moyens ſûrs pour rendre une partie fertile, ſans condamner l'autre à la ſtérilité : pourquoi retarder une opération qui doit donner une augmentation de dix ou douze millions peſant de ſucre ? Cet accroiſſement deviendroit encore plus conſidérable, s'il étoit poſſible de deſſécher entiérement cette partie de la côte, qui eſt noyée dans les eaux de l'Artibonite. C'eſt ainſi qu'en changeant le cours des fleuves, l'homme policé ſoumet la terre à ſon uſage. La fertilité qu'il y répand peut ſeule légitimer ſes conquêtes : ſi toutefois l'art & le travail, les loix & les vertus, réparent avec le tems l'injuſtice d'une invaſion.

Le territoire des Gonaïves eſt plat, aſſez uni & fort ſec. Il a deux plantations en ſucre, dix en café, ſix en indigo, & trente en coton. Cette dernière production pourroit être aiſément multipliée ſur une grande étendue de fable qui ne paroît actuellement propre qu'à cette culture. Mais fi les eaux de l'Artibonite font jamais diftribuées avec intelligence, une partie confidérable de ce grand quartier fe couvrira fûrement de cannes. Alors on verra peut-être que c'étoit dans fon port excellent & facile à fortifier qu'il eût fallu placer le fiège du gouvernement. Un autre avantage doit rendre cette contrée intéreffante. Il s'y trouve des eaux minérales. On les négligea long-tems dans une colonie toujours remplie de convalefcens & de malades. Enfin en 1772, on y bâtit des bains, des fontaines, quelques logemens commodes, un hôpital pour les foldats & les matelots.

Les colonies nous offrent quelques phénomènes contradictoires qu'il eft impoffible de nier, & qui femblent difficiles à concilier.

Eftimons-nous beaucoup les productions des colonies ? Je crois qu'on n'en fauroit douter. Pourquoi donc prenons-nous fi peu d'intérêt à leur profpérité & à la confervation des colons ? Que la fureur d'un ouragan ait enfeveli des milliers de ces malheureux fous la ruine de leurs habitations, & le

XLI. Réflexions fur le peu d'intérêt que les métropoles & les colonies prennent les unes aux autres.

dégât de leurs poffeffions, nous nous en occupons moins que d'un duel ou d'un affaffinat commis à notre porte. Qu'une vafte contrée de ce continent éloigné continue d'être dévaftée par quelque épidémie, on s'en entretient ici plus froidement que du retour incertain d'une petite-vérole inoculée. Que les horreurs de la difette réduifent les habitans de Saint-Domingue ou de la Martinique à chercher leur nourriture dans la campagne, ou à fe dévorer les uns les autres, nous y prendrons moins de part qu'au fléau d'une grêle qui auroit hâché les moiffons de quelques-uns de nos villages. Il eft affez naturel de penfer que cette indifférence eft un effet de l'éloignement, & que les colons ne font pas plus fenfibles à nos malheurs que nous aux leurs.

Mais, replique-t-on, nos villes font contiguës à nos campagnes. Nous avons fans ceffe fous les yeux la mifère de leurs habitans. Nous n'en defirons pas moins d'abondantes récoltes en tout genre, & l'on ne peut guère pouffer plus loin le mépris pour l'encouragement, la multiplication & la confervation du cultivateur. D'où naît cette étonnante contradiction ? De ce que nous sommes fous dans la manière dont nous en usons avec nos colons, & inhumains & fous dans notre conduite avec nos paysans, puisque nous voulons la chose de près & de loin ; & que ni de près ni de loin, nous n'en voulons les moyens.

Mais comment arrive-t-il que cette inconséquence des peuples, soit aussi le vice des gouvernemens ? C'est qu'il y a, selon toute apparence, plus de jalousie que de véritable intérêt, soit dans l'acquisition, soit dans la conservation de cette espèce de propriété lointaine ; c'est que les souverains ne comptent guère les colons au nombre de leurs sujets. Le dirai-je ? oui je le dirai, puisque je le pense ; c'est qu'une invasion de la mer qui engloutiroit cette portion de leur domaine, les affecteroit moins que la perte qu'ils en feroient par l'invasion d'une puissance rivale. Il leur importe peu que ces hommes meurent ou vivent, pourvu qu'ils n'appartiennent pas à un autre.

Je m'adresserai donc d'abord aux souverains, & je leur dirai : ou abandonnez ces hommes à leur sort, ou secourez-les ; ensuite aux colons, & je leur dirai : implorez l'assistance de la métropole à laquelle vous êtes soumis; & si vous en éprouvez un refus, rompez avec elle. C'est trop que d'avoir à supposer à la fois la misère, l'indifférence & l'esclavage.

Mais pourquoi les colonies sont-elles & plus mal administrées, & plus malheureuses encore sous les puissances, à la force & à la splendeur desquelles elles sont le plus nécessaires ? C'est que ces puissances sont encore plus folles que nous. C'est que plus commerçantes, l'esprit de l'administration est encore plus cruel. C'est que semblables au fermier qui n'est pas sûr de jouir d'un nouveau bail, elles épuisent une terre qui peut d'une année à une autre, passer entre les mains d'un nouveau possesseur. Lorsque les provinces d'un état sont contiguës, les plus voisines de la frontière sont les plus ménagées. C'est tout le contraire pour les colonies. On les vexe par la seule crainte que dans une circonstance périlleuse, le ménagement qu'on auroit eu pour elle ne fût en pure perte.

XLII. Etablissemens formés au nord de Saint-Domingue.

L'ouest de Saint-Domingue est séparé du Nord par le mole Saint-Nicolas, qui participe des deux côtes. A l'extrêmité du cap est un port également beau, sûr & commode. La nature en le plaçant vis-à-vis la pointe du
Maisi

Maisi de l'isle de Cuba, semble l'avoir destiné à devenir le poste le plus intéressant de l'Amérique, pour les facilités de la navigation. Sa baie a quatorze cens cinquante toises d'ouverture. La rade conduit au port, & le port au bassin. Tout ce grand enfoncement est sain, quoique la mer y soit comme stagnante. Le bassin qu'on diroit fait exprès pour les carenages, n'a pas le défaut des ports encaissés : il est ouvert aux vents d'ouest & de nord, sans que leur violence puisse y troubler ou y retarder aucun des mouvemens des travaux intérieurs. La péninsule où le port est situé, s'élève comme par degrés jusqu'aux plaines qui reposent sur une base énorme. C'est pour ainsi dire une seule montagne qui, d'un sommet large & uni, va par une pente douce, se rejoindre au reste de l'isle.

Le morne Saint-Nicolas n'avoit jamais fixé l'attention publique. Des côteaux pelés & des rochers applatis, n'avoient rien d'attrayant pour la cupidité. L'usage que firent les Anglois de cette position durant la guerre de 1756, la tira du néant où elle étoit restée. Le ministère de France éclairé par ses ennemis même, y établit en 1767 un entrepôt où les navigateurs étrangers pourroient librement échanger les bois & les beſtiaux qui manquoient à la colonie contre ſes ſirops & ſes eaux-de-vie de ſucre que la métropole rejettoit. Cette communication qu'une tolérance raiſonnable & une fraude induſtrieuſe étendirent encore à d'autres objets, donna naiſſance à une ville actuellement compoſée d'environ trois cens maiſons de bois, apportées toutes faites de la Nouvelle Angleterre.

A quelque diſtance du port, mais toujours dans le diſtrict du mole, eſt la bourgade de Bombardopolis. Les Acadiens & les Allemands qu'on y avoit tranſportés en 1763, y périrent d'abord avec une effrayante rapidité. C'eſt le ſort inévitable des nouveaux établiſſemens fondés entre les tropiques. Le peu de ces infortunés qui avoient échappé aux atteintes funeſtes du climat, du chagrin & de la miſère, ne ſongeoient qu'à s'éloigner d'un ſol peu fertile, lorſque les combinaiſons faites à leur voiſinage, relevèrent un peu leurs eſpérances. Ils cultivent des vivres, des fruits, des légumes qu'ils vendent aux navires ou aux habitans du port, & même un peu de café, un peu de coton pour l'Europe.

Après le mole de Saint-Nicolas, le premier établissement qu'on trouve à la côte du nord, c'est le port de paix. Il dut sa fondation au voisinage de la Tortue, dont les habitans s'y réfugioient à mesure qu'ils abandonnoient cette isle. L'ancienneté de ses défrichemens a rendu ce canton un des moins mal-sains de Saint-Domingue, & il est parvenu depuis long-tems au point de richesse & de population où il pouvoit arriver. Mais l'un & l'autre sont peu de chose, quoique l'industrie ait été jusqu'à percer des montagnes pour conduire les eaux & arroser les terres. La difficulté qu'on trouve de tous les côtés d'aborder au port de Paix, la sépare en quelque sorte du reste de la colonie.

Le petit Saint-Louis, le Borgne, le port Margot, Limbé, Lacul, sont aussi sans communication entre eux. Ces quartiers sont séparés par des rivières qui inondent & ravagent leurs meilleures terres. Aussi sont-elles généralement trop froides, pour que les cannes y puissent prospérer. On devroit contenir les eaux de ces torrens dans des lits larges & profonds. Après ces travaux, il seroit facile d'établir des ponts qui rapprocheroient les habitans, les mettroient à portée de se faire part de leurs lumières, & les feroient jouir des avantages d'une société mieux ordonnée. Alors les plantations d'indigo s'amélioreroient, & celles de sucre se multiplieroient, sans que le café fût abandonné. On le regarde comme le meilleur de la colonie. Limbé en récolte seul deux millions pesant, comparable à celui de la Martinique.

XLIII. Grande importance de la ville du Cap François, située sur la côte du nord de Saint-Domingue.

C'est peu, si c'est même quelque chose, en comparaison des productions de la plaine du cap, qui a vingt lieues de long, sur environ quatre de large. Il y a peu de pays plus arrosés : mais il ne s'y trouve pas une rivière où une chaloupe puisse remonter plus de trois milles. Tout ce grand espace est coupé par des chemins de quarante pieds de large tirés au cordeau, bordés de haies de citronniers, & qui ne laisseroient rien à desirer, s'ils étoient ornés de futaies propres à procurer un ombrage délicieux aux voyageurs, & à prévenir la disette de bois qui commence à se faire trop sentir. C'est le pays de l'Amérique qui produit le plus de sucre, & de meilleure qualité. La plaine est couronnée par une chaîne de montagnes, dont la profondeur est depuis quatre jufqu'à huit lieues. La plupart n'ont que peu d'élévation. Plufieurs peuvent être cultivées jufqu'à leur fommet. Toutes font féparées par des vallées remplies d'un nombre prodigieux de cafiers, & de très-belles indigoteries.

Quoique les François euffent reconnu de bonne heure le prix d'un terrein, dont la fertilité furpaffe tout ce qu'on en peut dire, ils ne commencèrent à le cultiver qu'en 1670, époque à laquelle ils ceffèrent de craindre l'Efpagnol, qui jufqu'alors s'étoit tenu en force dans le voifinage. Ce fut un de ces hommes que l'intolérance religieufe commençoit à profcrire dans leur patrie, le calvinifte Gobin, qui alla planter la première habitation au Cap. Les maifons s'y multiplièrent, à mefure que les campagnes limitrophes étoient défrichées ; & vingt ans après, c'étoit une ville affez floriffante pour exciter la jaloufie. En 1695, elle fut attaquée, prife, pillée, & réduite en cendres par les forces réunies de la Caftille & de l'Angleterre.

On pouvoit tirer de ce défaftre un grand avantage. Dans une rade qui a trois lieues de circonférence, l'intérêt qui est le premier fondateur des colonies, avoit fait choisir pour l'emplacement du Cap le pied d'un morne fort élevé, parce que c'étoit le terrein le plus à portée du mouillage ordinaire. Il convenoit d'y substituer une position plus saine, plus commode & plus spacieuse. On n'y songea pas. C'est dans un gouffre qui n'est jamais rafraîchi par la douce haleine des vents de terre, & où la réverbération des montagnes double les ardeurs du soleil; c'est-là qu'on rétablit une ville qui n'auroit jamais dû y être bâtie. Cependant la richesse des campagnes voisines n'a cessé d'agrandir cet établissement.

Vingt-neuf rues tirées au cordeau, coupent aujourd'hui le Cap en deux cens vingt-cinq islets de maisons riantes, qui montent au nombre de neuf cens. Mais les rues étroites & sans pente, quoique le terrein soit en dos d'âne, sont toujours bourbeuses, parce que n'étant pavées qu'au milieu, les ruisseaux des côtes, qui n'ont pas une chûte égale, forment des cloaques, au lieu de servir à l'écoulement des eaux.

L'ancienne place de Notre-Dame, & le temple bâti avec des pierres apportées d'Europe qui la termine ; la nouvelle place de Clugny, où l'on a établi le marché ; les fontaines qui décorent l'un & l'autre de ces monumens ; le gouvernement, les caſernes, la ſalle de la comédie : aucun de ces édifices publics ne fixeroit l'attention d'un voyageur curieux qui auroit quelques bons principes d'architecture, & peut-être détourneroit-il ſes regards de la plupart. Mais ſi la nature l'avoit fait ſenſible, ſon cœur ſe dilateroit au ſeul nom des maiſons de la *Providence*.

La plupart des aventuriers qui arrivent dans la colonie, n'ont ni reſſources, ni talens. Avant qu'ils aient acquis aſſez d'induſtrie pour ſubſiſter, ils ſont expoſés à des maladies trop ſouvent mortelles. Un citoyen humain & généreux fonda au Cap, pour ces malheureux ſans fortune, deux hoſpices où les hommes & les femmes devoient trouver ſéparément les ſecours que leur ſituation pouvoit exiger. Cette belle inſtitution, unique dans le Nouveau-Monde, & qui ne pouvoit jamais être aſſez protégée par l'autorité, aſſez enrichie par les dons des citoyens, a vu peu-à-peu réduits à rien ſes revenus, par l'infidélité de ceux qui les régiſsoient & par l'indifférence du gouvernement.

Rien de bien ne peut donc subsister parmi les hommes ! Et le riche attaquera l'indigent, même jusques dans son asyle, si la présence du gibet ne le contient. Malheureux ! vous ne connoissez pas toute l'atrocité de votre conduite. Si l'on traduisoit devant vous un de vos semblables, convaincu d'avoir saisi pendant la nuit un passant à la gorge, & de lui avoir appuyé le pistolet sur la poitrine pour avoir sa bourse, à quel supplice le condamneriez-vous ? Quel qu'il soit, vous en méritez un plus grand. Vous joignez la lâcheté, l'inhumanité, la prévarication au vol ; & à quelle espèce de vol encore ? Vous arrachez à celui qui meurt de faim, le pain qu'on vous a confié pour lui. Vous dépouillez la misère abandonnée à votre sollicitude. Vous la dépouillez clandestinement & sans péril. L'imprécation que je vais lancer contre vous, je l'étends à tous les administrateurs infidèles des hôpitaux de quelque contrée qu'ils soient, fussent-ils de la mienne ; je l'étends à tous les ministres négligens, auxquels ils déroberont leurs forfaits ou qui les souffriront. Puisse l'ignominie,

puiffent les châtimens réfervés aux derniers
des malfaiteurs, tomber fur la tête profcrite
des fcélérats capables d'un crime auffi énorme
contre l'humanité, d'un attentat auffi contraire
à la faine politique ! Et s'il arrive qu'ils échappent à la flétriffure & à la punition, puiffe le
miniftere qui aura ignoré ou toléré cet excès
de corruption, être un objet d'exécration pour
toutes les nations & pour tous les fiecles !

Malgré le défordre où font tombées les
maifons de la Providence, très-favorables à
la confervation de l'efpece humaine, il meurt,
proportion gardée, moins de monde au Cap,
que dans aucune autre des villes maritimes
de la colonie. Il faut attribuer cet avantage
au défrichement entier du territoire, au com-
blement des cloaques voifins, à la diffipation,
aux commodités, à l'activité, aux fecours de
toute efpece qu'on trouve réunis dans une
fociété nombreufe & agiffante. L'air aura toute
la falubrité que la nature des chofes permet,
lorfqu'on aura defféché les marais de la petite
Anfe, qui, dans les grandes fécherefles, répandent une odeur infecte.

Le port eft digne de la ville. Il eft admira-
blement placé pour recevoir les vaiffeaux qui

arrivent d'Europe. Ceux de toute grandeur y font commodément & en fûreté. Ouvert feulement au vent du Nord-Eſt, il n'en peut recevoir aucun dommage, ſon entrée étant ſemée de récifs, qui rompent l'impétuoſité des vagues.

C'eſt dans ce fameux entrepôt que ſont verſées plus de la moitié des denrées de la colonie entiere. Elles y arrivent des montagnes; elles y arrivent des vallées; elles y arrivent principalement de la plaine. Les paroiſſes qui fourniſſent les plus importantes, ſont connues ſous les noms de Plaine-du-Nord, de la petite Anſe, de la grande Riviere, de Morin, de Limonade, du Trou, du Terrier-Rouge, du fort Dauphin & d'Ouanaminthe, qui ſe termine à la riviere du Maſſacre. Le quartier Morin & l'iſlet de Limonade, ſont fort au-deſſus des autres établiſſemens, pour l'abondance & la qualité de leur ſucre.

XLIV. Nature & quantité des productions que la France reçoit annuellement de la colonie de S. Domingue.

Toutes les productions de Saint-Domingue ſe réduiſoient, en 1720, à vingt-un millions peſant de ſucre brut; à un million quatre cens mille livres de ſucre terré; à un million deux cens mille livres d'indigo. Ces denrées ſe ſont rapidement & prodigieuſement accrues. On y a ajouté le coton & le café vers 1737. La culture même du cacao a été reprife, mais un peu plus tard.

En 1775, la France reçut de cette colonie fur trois cens cinquante-trois navires, un million deux cens trente mille fix cens foixante-treize quintaux foixante-dix liv. de fucre qui valurent 44,738,139 l. 2 f. 2 d.; quatre cens cinquante-neuf mille trois cens trente-neuf quintaux quarante-une liv. de café, qui valurent 21,818,621 l. 19 f. 6 d.; dix-huit mille quatre-vingt-fix quintaux vingt-neuf livres d'indigo, qui valurent 15,373,346 liv. 10 f.; cinq mille fept cens quatre-vingt-fept quintaux foixante-quatre livres de cacao, qui valurent 405,134 liv. 16 f.; cinq cens dix-huit quintaux foixante-une livres de rocou qui valurent 32,663 liv. 2 fols 6 den.; vingt-fix mille huit cens quatre-vingt douze quintaux quatre-vingt-deux livres de coton, qui valurent 6,723,205 l.; quatorze mille cent vingt-quatre cuirs, qui valurent 164,657 liv.; quarante-trois quintaux quarante-fix livres de carret, qui valurent 43,460 l.; quatre-vingt-dix quintaux dix-neuf livres de canefice, qui valurent 2435 l. 0 f. 11 d.; quatre-vingt-douze mille sept cens quarante-six quintaux quatre-vingt-douze livres de bois, qui valurent 908,368 livres 3 sols 8 deniers, en menues productions, dont quelques-unes appartenoient aux autres colonies 1,352,148 livres; & enfin en argent 2,600,000 liv. Réunissez toutes ces sommes, & vous trouverez un revenu de 94,162,178 livres 16 sols 9 deniers.

Si, aux 94,162,178 l. 16 s. 9 den. produits par Saint-Domingue, on ajoute les 488,598 l. 3 sols 3 den. produits par Cayenne; si l'on y ajoute les 18,975,974 l. 1 s. 10 d. produits par la Martinique; si l'on y ajoute les 12,751,404 l. 16 s. 10 d. produits par la Guadeloupe, l'on verra qu'en 1775, la France reçut de ses possessions du nouvel hémisphere sur cinq cens soixante-deux navires, 126,378,155 liv. 18 s. 8 deniers.

Le royaume ne consomma de ces productions que pour 52,793,763 liv. 5 sols 8 den. Il en vendit donc à l'étranger pour 73,584,392 l. 13 sols.

Cette grande exportation fut formée par un million quarante mille neuf cens quatre-vingt-dix-huit quintaux soixante-six livres de sucre, qui rendirent 38,703,463 livres; par cinq cens mille cinq cens quatre-vingt-deux quintaux quarante-fix livres de café, qui rendirent 23,727,608 liv. 13 fols; par onze mille trois cens fix quintaux trente-huit livres d'indigo, qui rendirent 9,610,423 liv.; par fept mille neuf cens vingt-deux quintaux foixante-quinze liv. de cacao, qui rendirent 554,592 l. 10 fols; par quinze cens trente-un quintaux foixante-dix-huit livres de rocou, qui rendirent 95,838 liv.; par mille vingt quintaux onze liv. de coton, qui rendirent 255,027 livres 10 fols; par douze cens fept quintaux cinquante-neuf livres de canefice, qui rendirent 32,605 livres; par quarante-un mille huit cens huit quintaux vingt livres de bois, qui rendirent 598,723 livres; par cinq cens foixante-huit cuirs, qui rendirent 5112 livres; par cent livres de carret, qui rendit 1000 livres.

Pour revenir à Saint-Domingue, fes étonnantes richeffes étoient produites par trois cens quatre-vingt-cinq fucreries en brut & deux cens foixante-trois en terré; par deux mille cinq cens quatre-vingt-fept indigoteries; par quatorze millions dix-huit mille trois cens trente-fix cotonniers; par quatre-vingt-douze millions huit cens quatre-vingt-treize mille quatre cens cinq cafiers ; par fept cents cinquante-fept mille fix cens quatre-vingt-onze cacaoyers.

A la même époque, la colonie avoit pour fes troupeaux foixante-quinze mille neuf cens cinquante-huit chevaux ou mulets, & foixante-dix-fept mille neuf cens quatre bêtes à corne. Elle avoit pour fes vivres fept millions fept cens cinquante-fix mille deux cens vingt-cinq bananiers ; un million cent foixante-dix-huit mille deux cens vingt-neuf foffes de manioc ; douze mille fept cens trente-quatre quarreaux de maïs ; dix-huit mille fept cens trente-huit de patates ; onze mille huit cens vingt-cinq dignames, & fept mille quarante-fix de petit mil.

Les travaux occupoient trente-deux mille fix cens cinquante-blancs de tout âge & de tout fexe ; fix mille trente-fix negres ou mulâtres libres, & environ trois cens mille efclaves. Le dénombrement de l'année ne portoit, il eft vrai, qu'à deux cens quarante mille quatre-vingt-quinze le nombre de ces malheureux captifs : mais il eft connu qu'alors chaque cultivateur en déroboit le plus qu'il pouvoit aux recherches du fisc, pour se souftraire à la rigueur des impositions.

Ces cultures, ces habitans sont répartis sur quarante-six paroisses. Il y en a dont la circonférence est de vingt lieues. Les limites d'un grand nombre ne sont pas fixées. La plupart n'ont que des cabanes ou des ruines pour église. Dans presque aucune, le service public ne se fait avec la décence convenable. Celles du Sud & de l'Ouest sont dirigées par des dominicains; & celles du Nord, par des capucins qui ont succédé aux jésuites. Toutes ont un bourg ou une ville.

Les bourgs sont formés par les boutiques de quelques marchands, par les atteliers de quelques artisans, les uns & les autres construits autour du presbytère. Il s'y établit les jours de fête une espece de marché où les esclaves viennent troquer les fruits, les volailles, les autres petites denrées qui leur sont propres, contre des meubles, des vêtemens, des parures qui, quoique de peu de valeur, leur procurent quelques commodités, & les distinguent de ceux de leurs semblables, qui n'ont pas les mêmes jouissances. On ne sauroit assez s'indigner que la tyrannie les pourfuive au milieu de ces foibles échanges ; & que les vils satellites de la justice, chargés de la police de ces assemblées, fassent sentir à ces infortunés la dureté de leur condition, jusques dans les courts instans de relâche, qui leur sont accordés par leurs barbares maîtres.

Il y a là deux personnages bien odieux, l'archer qui tourmente l'esclave, & l'administrateur qui ne sévit pas contre l'archer. Mais celui-là est un homme sans pitié, que ses fonctions journalieres ont peut-être endurci au point de s'ennuyer, lorsque l'exercice en est suspendu, & qu'il manque d'occasions de faire souffrir ; au lieu que celui-ci est un magistrat qui ne porte pas dans son ame la même férocité, dont le rôle habituel est de montrer de la dignité, & en qui la compassion doit régner à côté de la justice. Pourquoi deux êtres aussi différens semblent-ils concourir ensemble au malheur des esclaves ? seroit-ce par un cruel mépris pour ces malheureux qu'on a presque rayés du rang des hommes ? les auroit-on tellement dévoués à la douleur & à la peine, que leurs cris & leurs larmes ne feroient plus aucune impression ?

Les villes de la colonie, & en général
toutes

toutes celles des isles d'Amérique, présentent un spectacle bien différent des villes de l'Europe. En Europe, nos cités sont peuplées d'hommes de toutes les classes, de toutes les professions, de tous les âges; les uns riches & oisifs, les autres pauvres & occupés; tous poursuivant dans le tumulte & dans la foule l'objet qu'ils ont en vue, ceux-ci le plaisir, ceux-là la fortune, d'autres la réputation ou le bruit du moment qu'on prend souvent pour elle, d'autres enfin leur subsistance. Dans ces grands tourbillons, le choc & la variété des passions, des intérêts, des besoins produisent nécessairement de grands mouvemens, des contrastes inattendus, quelques vertus & beaucoup de vices ou de crimes. Ce sont des tableaux mouvans, plus ou moins animés à raison du nombre des acteurs & par conséquent des scènes qui s'y jouent. A Saint-Domingue & dans le reste de l'archipel Américain, le spectacle des villes est uniforme & monotone. Il n'y a ni nobles, ni bourgeois, ni rentiers. Elles n'offrent que des atteliers propres aux denrées que le sol produit & aux différens travaux qu'elles exigent. On n'y voit que des commission-

P.

naires, des aubergiſtes & des aventuriers, s'agitant pour trouver un poſte qui les nourriſſe, & acceptant le premier qui ſe préſente. Chacun ſe hâte de s'enrichir, pour s'éloigner d'un ſéjour où l'on vit ſans diſtinctions, ſans honneurs, ſans plaiſirs, & ſans autre aiguillon que celui de l'intérêt. Perſonne ne s'arrête là avec le deſſein d'y vivre & d'y mourir. Les regards ſont attachés ſur l'Europe ; & la principale jouiſſance qu'y procure l'accroiſſement des richeſſes conſiſte dans l'eſpoir plus ou moins éloigné de les rapporter parmi les ſiens dans notre hémiſphere.

XLV.
Liaiſons de S. Domingue avec les nations étrangeres.
Indépendamment des immenſes productions que la colonie envoye à ſa métropole & qui peuvent au moins augmenter d'un tiers, elle en livre quelques foibles portions à ſon indolent voiſin. C'eſt avec du ſucre, du taffia, & ſur-tout avec les boiſſons & les manufactures de l'Europe, qu'elle paie ce que la partie Eſpagnole de Saint-Domingue lui fournit de porc & de bœuf fumés, de bois, de cuirs, de chevaux & de bêtes à corne pour ſes atteliers ou ſes boucheries; qu'elle s'approprie tout l'argent envoyé des mines du Mexique dans cet ancien établiſſement.

La cour de Madrid a cherché à diminuer la vivacité de cette liaison, en proscrivant les marchandises étrangeres dans sa possession, & en chargeant de droits excessifs les bestiaux qui en sortiroient. Ce réglement vicieux n'a eu d'autre effet que de mettre de la gêne dans ces échanges qui, pour l'intérêt des deux peuples, auroient dû continuer avec liberté. C'est sur-tout dans cette partie du Nouveau-Monde que le besoin l'emporte sur l'antipathie de caractere, & que l'uniformité du climat étouffe ce germe de division.

Les Hollandois de Curaçao envahissent une grande partie du commerce de la colonie Françoise, durant les guerres où ils ne sont pas engagés : mais ils y enlevent aussi quelques denrées durant la paix. C'est avec des productions des Indes Orientales, c'est avec des lettres-de-change, qu'ils entretiennent ces foibles liaisons.

Celles des Jamaïcains avec Saint-Domingue sont beaucoup plus considérables. Les douze ou treize mille esclaves que portent annuellement à la colonie les navigateurs François, ne l'empêchent pas d'en recevoir quatre ou cinq mille des Anglois. Les derniers lui coûtent un sixieme de moins que les autres, & sont payés avec du coton, sur-tout avec de l'indigo, accepté à plus haut prix que par le commerce national. Ces interlopes l'introduisent dans leur patrie comme une production des isles Britanniques, & reçoivent une gratification de douze sols par livre.

Cependant, c'est avec l'Amérique Septentrionale que Saint-Domingue entretient une communication plus suivie & plus nécessaire. Dans des calamités pressantes, les navires de cette vaste contrée du Nouveau-Monde sont admis dans toutes les rades, & seulement au mole Saint-Nicolas, dans les tems ordinaires. Des bois de construction, des légumes, des bestiaux, des farines, du poisson salé, forment leurs cargaisons. Ils enlevent publiquement vingt-cinq ou trente mille barriques de sirop, & en fraude toutes les denrées qu'on peut ou qu'on veut leur livrer.

XLVI. Les liaisons de la France avec S. Domingue deviennent dangereu-

Tel est, durant la paix, le partage qui se fait des richesses territoriales de Saint-Domingue. La guerre ouvre une autre scène. Aussi-tôt que le signal des hostilités a été donné, l'Anglois s'empare de tous les pa-

rages de la colonie. Il en gêne les expor- *ses pendant*
tations, il en gêne les importations. Ce qui *la guerre.*
Pourquoi?
veut entrer, ce qui veut fortir tombe dans
fes mains; & le peu qui auroit échappé dans
le nouvel hemifphere eft intercepté fur les
côtes de l'ancien, où il eft également en
force. Alors, le négociant de la métropole
interrompt fes expéditions; l'habitant de l'ifle
néglige fes travaux. A des communications
importantes & rapides, fuccèdent une langueur & un défefpoir, qui durent auffi long-
tems que les divifions des puiffances belli-
gérantes.

Il en auroit été autrement, fi les premiers
François qui parurent à Saint - Domingue
avoient fongé à établir des cultures. Ils auroient occupé, comme ils le pouvoient, la
partie de l'ifle qui eft fituée à l'Eft. Elle a
des plaines vaftes & fertiles. Le rivage en eft
fûr. On entre dans fes ports le jour qu'on les
découvre. Dès le jour qu'on en fort, on les
perd de vue. La route eft telle que l'ennemi
n'y peut préparer aucune embufcade. Les
croifieres n'y font pas faciles. Les parages
font à l'abord des Européens & les voyages
fort abrégés. Mais comme le projet de ces

aventuriers fut d'attaquer les navires Espagnols & d'infester le golfe du Mexique de leurs brigandages, les possessions qu'ils occuperent, sur une côte tortueuse, se trouverent enveloppées par Cuba, la Jamaïque, les Turques; par la Tortue, les Caïques, la Gonave, les isles Lucayes; par une foule de bancs & de rochers, qui rendent la marche des bâtimens lente & incertaine; par des mers resserrées, qui donnent nécessairement un grand avantage à l'ennemi pour aborder, bloquer & croiser.

La cour de Versailles ne parviendra jamais à maintenir, pendant la guerre, des liaisons suivies avec sa colonie, que par le moyen de quelques vaisseaux de ligne au Sud & à l'Ouest, & d'une bonne escadre au Nord. La nature y a créé, au fort Dauphin, un port vaste, commode, sûr, & d'une défense aisée. De cette rade, située au vent de tous les autres établissemens, il sera facile d'en protéger les différens parages. Mais il faut réparer & augmenter les ouvrages de la place; il y faut surtout former un arsenal convenable de marine. Alors, assurés d'un asyle & de tous les secours nécessaires, après un combat heureux ou malheureux, les amiraux François ne craindront plus de se mesurer avec les ennemis de leur patrie.

Les mesures qu'il conviendroit de prendre, pour prévenir les ravages qu'il seroit possible aux Espagnols de commettre dans l'intérieur de Saint-Domingue, méritent aussi quelque attention.

XLVII. *La partie de S. Domingue occupée par les François peut être attaquée par les Espagnols qui en possedent l'autre partie.*

La Castille, qui occupe encore les deux tiers de cette isle, la possédoit toute entiere, lorsqu'un peu avant le milieu du dernier siecle, quelques François hardis & entreprenans allèrent y chercher un refuge contre les loix ou contre la misere. On voulut les repousser; &, quoique sans autre appui que leur courage, ils ne craignirent pas de soutenir la guerre contre un peuple armé sous une autorité réguliere. Ils furent avoués de leur nation, lorsqu'on les crut assez forts pour se maintenir dans leurs usurpations; & on leur envoya un chef. Le brave homme, qui fut choisi pour commander le premier à ces intrépides aventuriers, se pénétra de leur esprit au point de proposer à sa cour la conquête de l'isle.

entiere. Il répondoit fur fa tête du fuccès de cette entreprife, pourvu qu'on lui envoyât une efcadre affez forte, pour bloquer le port de la capitale.

Pour avoir négligé un projet d'une exécution plus fûre & plus facile qu'elle ne le paroiffoit de loin, le miniftere de Verfailles laiffa fes fujets expofés à des attaques continuelles. Ce n'eft pas qu'on ne les repouffât conftamment avec fuccès, qu'on ne portât même la défolation fur le territoire ennemi : mais ces hoftilités nourriffoient dans l'ame des nouveaux colons l'amour du brigandage ; elles les détournoient des travaux utiles & arrêtoient les progrès de la culture, qui doit être le but de toute fociété bien dirigée.

La faute qu'avoit faite la France, en fe refufant à l'acquifition de l'ifle entiere, l'expofa au péril de perdre ce qu'elle y poffédoit. Pendant que cette couronne étoit occupée à foutenir la guerre de 1688 contre toute l'Europe, les Efpagnols & les Anglois, qui craignoient également de la voir folidement établie à Saint-Domingue, unirent leurs forces pour l'en chaffer. Le début de leurs opérations leur faifoit efpérer un succès complet, lorsqu'ils se brouillèrent d'une manière irréconciliable. Ducasse, qui conduisoit la colonie avec de grands talens & beaucoup de gloire, profita de leur division pour les attaquer successivement. D'abord, il insulta la Jamaïque, où tout fut mis à feu & à sang. De-là ses armes alloient se tourner contre San-Domingo, dont il étoit comme assuré de se rendre maître; lorsque les ordres de sa cour arrêtèrent cette expédition.

La maison de Bourbon monta sur le trône d'Espagne, & la nation Françoise perdit l'espérance de conquérir Saint-Domingue. Les hostilités que les traités d'Aix-la-Chapelle, de Nimègue & de Riswick, n'y avoient pas même suspendues, cessèrent enfin entre deux peuples qui ne pouvoient s'aimer. Celui qui avoit établi des cultures tira quelque avantage de ce rapprochement. Depuis un tems ses esclaves profitoient des divisions nationales, pour briser leurs chaînes, & se retirer dans un territoire où ils trouvoient la liberté sans travail. Cette désertion fut rallentie par l'obligation que contractèrent les Espagnols, de ramener les transfuges à leurs voisins pour la somme de 250 livres par tête. Quoique la convention ne fût pas trop exactement observée, elle devint un frein puissant jusques aux brouilleries qui divisèrent les deux nations en 1718. A cette époque les nègres quittèrent en foule leurs atteliers. Cette perte fit revivre dans l'ame des François le projet de chasser entiérement de l'isle, des voisins presque aussi dangereux par leur indolence même, que d'autres l'auroient été par leur inquiétude. La guerre ne dura pas assez longtems pour amener cette révolution. A la fin des troubles, Philippe V ordonna de restituer tout ce qu'on pourroit ramasser d'esclaves fugitifs. On les avoit embarqués pour les conduire à leurs anciens maîtres ; lorsque le peuple soulevé les remit en liberté, par un de ces mouvemens qu'on ne sauroit désaprouver, s'il eût été inspiré par l'amour de l'humanité, plutôt que par la haine nationale. Il sera toujours beau de voir des peuples révoltés contre l'esclavage des nègres. Ceux-ci s'enfoncèrent, dit-on, dans des montagnes inaccessibles, où ils se sont multipliés au point d'offrir un asyle affuré à tous les efclaves qui peuvent les y aller joindre. C'eſt-là, que, graces à la cruauté des nations civilifées, ils deviennent libres & féroces comme des tigres ; dans l'attente peut-être d'un chef & d'un conquérant qui rétabliffe les droits de l'humanité violée, en s'emparant d'une iſle que la nature ſemble avoir deſtinée aux efclaves qui la cultivent, & non aux tyrans qui l'arroſent du ſang de ces victimes.

Les combinaiſons actuelles de la politique n'ordonnent pas que l'Efpagne & la France ſe faſſent la guerre. Si quelque événement mettoit les deux nations aux priſes, malgré le pacte des couronnes, ce feroit vraiſemblablement un feu paſſager, qui ne donneroit ni le loiſir, ni le projet de faire des conquêtes qu'on feroit obligé de reſtituer. Les entrepriſes, de part & d'autre, ſe réduiroient donc à des ravages. Mais alors la nation qui ne cultive pas, du moins à Saint-Domingue, ſe trouveroit redoutable par ſa miſère même, à celle dont la culture a fait des progrès. Un gouverneur Caſtillan ſentoit ſi bien l'avantage que lui donnoient l'indolence & la pauvreté des fiens, qu'il écrivit au commandant François que, s'il le forçoit à une invafion, il détruiroit plus dans une lieue, qu'on ne le pourroit faire en dévaftant tout le pays foumis à fes ordres.

Cette pofition démontre que, toute l'Europe voyoit commencer les hoftilités entre les deux peuples, le plus actif devroit demander la neutralité pour cette ifle. Il auroit dû même, dit-on fouvent, folliciter la ceffion abfolue d'un territoire inutile ou onéreux à fon poffeffeur. Nous ignorons fi la cour de Verfailles a jamais manifefté cette ambition. Mais combien il falloit fuppofer le miniftère Efpagnol éloigné de cette complaifance, quand il fe montroit fi difficile fur la fixation des limites confufes & incertaines des deux nations! Ce traité, vivement défiré, long-tems projetté, entamé même à plufieurs reprifes, a été enfin conclu en 1776.

XLVIII. *Les limites entre l'Efpagne & la France ont-elles été judicieufement fixées à S. Domingue?* Quelle devoit être la bafe d'une négociation jufte & raifonnable? l'état des poffeffions en 1700. A cette époque, les deux peuples, devenus amis, reftèrent de droit les maîtres de tous les terreins qu'ils occupoient Les ufurpations que peuvent avoir faites depuis les sujets d'une des couronnes, sont des entreprises de particulier à particulier. Pour avoir été tolérées, elles n'ont pas été légitimées. Aucune convention directe ou indirecte ne leur a imprimé le sceau de l'approbation publique.

Or, des faits incontestables prouvent qu'au commencement du siècle, & même plusieurs années auparavant, les possessions Françoises, aujourd'hui bornées au Nord par une des branches de la rivière du Massacre, s'étendoient jusqu'à celle de Reboue ; qu'au Sud ces limites, actuellement arrêtées à l'Anse-à-Pitre, se prolongeoient jusqu'à la rivière de Neybe. Cette surprenante révolution s'opéra par une suite naturelle du système économique des deux peuples voisins. L'un devenu de plus en plus agricole, se rapprocha des ports où ses denrées devoient trouver un débit sûr & avantageux. L'autre, resté toujours pasteur, occupa les plages abandonnées, pour élever de plus nombreux troupeaux. Par la nature des choses, les pâturages se sont étendus ; & les champs se sont rétrécis, du moins rapprochés.

Une négociation, convenablement dirigée,

auroit rétabli la France dans la fituation où elle étoit, lorfqu'elle donna un roi aux Efpagnols. C'étoit le vœu de la juftice; c'étoit le vœu de la raifon qui ne vouloit pas que des colons actifs & qui rendent utile la terre qu'ils fécondent, fuffent immolés à un petit nombre de vagabonds, qui confomment fans reproduire. Cependant, par une politique dont les refforts nous font inconnus, la cour de Verfailles a renoncé à ce qu'elle avoit poffédé anciennement, pour fe réduire à ce qu'elle poffédoit aux bords de la mer, à l'époque de la convention. Mais cette puiffance a-t-elle du moins regagné dans l'intérieur des terres ce qu'elle facrifioit fur la côte ? S'il faut le dire, le moindre dédommagement ne lui a pas été accordé.

Avant le traité, la colonie Françoife formoit une efpece de croiffant, dont la convexité produifoit autour des montagnes un développement de deux cens cinquante lieues de côte, au Nord, à l'Oueft, au Sud de l'ifle. C'eft le même ordre de chofes, depuis que les limites ont été réglées. On reviendra un peu plutôt, un peu plus tard fur cet arrangement, par une raifon qui doit faire taire toutes les autres confidérations.

Les établiſſemens François de l'Oueſt &
du Sud ſont ſéparés de ceux du Nord par le
territoire Eſpagnol. L'impoſſibilité où ils
ſont de ſe ſecourir, les expoſe ſéparément à
l'invaſion d'une puiſſance également ennemie
des deux nations. Un intérèt commun déterminera la cour de Madrid à fixer les bornes, de manière que ſon allié y trouve les
commodités dont elle a beſoin pour ſa défenſe. Or, cela ne ſera jamais, à moins
qu'une ligne de démarcation, tirée des deux
points arrètés ſur les rives de l'Océan, ne
détermine les propriétés des deux peuples.
Inutilement, l'Eſpagne accorderoit pour toujours à ſon voiſin la liberté de traverſer ſes
états, comme elle le lui permit paſſagére-
ment en 1748. Cette complaiſance ne ſer-
viroit de rien. Cet eſpace, de quinze & de
vingt lieues, eſt coupé par des montagnes
ſi eſcarpées, par des forèts ſi épaiſſes, par
des ravins ſi profonds, par des rivieres ſi ca-
pricieuſes, qu'il eſt militairement impraticable dans ſa ſituation actuelle. Pour le rendre
utile, il faudroit de grands travaux; & ces
travaux ne ſeront jamais ordonnés que par
une couronne qui opérera ſur ſon domaine.

La cour de Madrid fe déterminera d'autant plus aifément à céder cette communication, fi néceffaire à une nation qui fait caufe commune avec elle, que ce terrein intermédiaire n'a que peu de valeur. Il eft inégal, peu fertile & fort éloigné de la mer. On n'y voit que quelques troupeaux épars. Cependant les propriétaires de ce fol inculte feront dédommagés par la France avec une générofité qui étouffera tous les regrets.

XLIX. *Moyens qu'a la partie Françoife de S. Domingue pour fe garantir d'une invafion étrangère.*

Quand la colonie aura toutes fes poffeffions liées & foutenues au-dedans par une communication fuivie & non interrompue, on aura plus de facilité pour repouffer l'ennemi. Si l'Anglois veut entamer Saint-Domingue par l'Oueft ou le Sud, il raffemblera fes forces à la Jamaïque. Si c'eft par le Nord, il fera fes préparatifs aux ifles du Vent, & plus probablement à Antigoa, où eft l'entrepôt de fes munitions navales.

L'Oueft & le Sud ne fauroient être défendus. L'immenfité de terrein empêche de mettre de la liaifon & du concert dans les mouvemens. Si on difperfe les troupes, elles deviennent inutiles par la divifion des forces. Si on les raffemble pour foutenir des poftes postes que leur foiblesse locale expose le plus à l'attaque, on risque de les perdre toutes à la fois. De gros bataillons ne seroient qu'un fardeau pour de vastes côtes, qui présentent trop de flanc ou trop de front à l'ennemi. On doit se borner à construire, à entretenir des batteries qui protègent les rades, les navires marchands & le cabotage; qui puissent éloigner des corsaires, ou même garantir des équipages d'un ou deux vaisseaux de guerre qui viendroient faire le dégât ou lever des contributions. Les troupes légères qui suffisent pour soutenir ces batteries, abandonneront du terrein à proportion des marches de l'ennemi, & se contenteront de ne pas se retirer, sans être menacées.

Ce n'est pas qu'on doive renoncer à toute espèce de défense. Chaque côte devroit avoir sur ses derrières un lieu d'asyle toujours ouvert à la retraite, loin de la portée de l'ennemi, à l'abri de ses insultes, & capable de repousser ses attaques. Ce devroit être une gorge, où l'on pût se retrancher & se défendre avec avantage. De ces retraites inexpugnables, on harceleroit continuellement le conquérant qui, n'ayant point de places fortes, feroit expofé à mille furprifes, & réduit un peu plutôt, un peu plus tard à fe rembarquer.

La côte du Nord, plus riche, plus peuplée & moins étendue que les deux autres, eft fufceptible d'une guerre de campagne, & d'une défenfe fuivie & régulière.

Le bord de la mer plus ou moins couvert de recifs y offre une terre marécageufe dans beaucoup d'endroits; les mangliers, qui couvrent un fol noyé, rendent les lagons plus impénétrables. Cette défenfe naturelle eft devenue moins commune, par les coupes de plufieurs taillis. Mais les embarcadaires, qui ne font ordinairement que des trouées, flanquées de ces bois inondés, n'exigent pour être fermées, qu'un front médiocre. Les magafins & les autres bâtimens en pierre y font communs : ils fourniffent des poftes à creneler, & affurent quelques feux couverts.

Cette première ligne de la plage femble faire efpérer qu'un rivage de dix-huit lieues, fi bien défendu par la nature, pour peu qu'il fût fecondé de la valeur Françoife, mettroit l'ennemi dans le rifque d'être battu, dès le moment de la defcente. Si fes projets étoient connus, si ses dispositions sur mer indiquoient de loin le lieu de son débarquement, on pourroit s'y porter & le prévenir. Mais l'expérience assure un avantage infaillible aux escadres embossées.

Ce n'est point uniquement par ces nappes de feu, qui, partant des vaisseaux, couvrent l'abord des chaloupes; c'est par l'impossibilité où l'on est d'occuper tous les points de la côte, qu'une escadre mouillée a la facilité de faire des descentes. Elle menace trop de lieux à la fois. Des troupes de terre rampent, pour ainsi dire, autour des sinuosités; dans le tems que les canots & les chaloupes volent par un chemin plus court. L'attaquant suit la corde, tandis que le défenseur a l'arc à parcourir. Trompé & fatigué par divers mouvemens, celui-ci n'est pas moins inquiet de ceux qu'il voit faire en plein jour, que des manœuvres que la nuit lui dérobe.

Pour se mettre en état de résister à une descente, il faut d'abord la croire exécutée. On emploie alors son courage & ses forces, à profiter des lenteurs ou des fautes de l'ennemi. Dès qu'on le voit sur mer, il faut l'attendre à terre, comme s'il devoit y tomber du ciel. Une grande plage abordable, laiffera toujours la plaine du cap ouverte à la defcente. C'eft moins aux bords de la côte, qu'à l'intérieur des terres, qu'il faut regarder.

Elles font généralement couvertes de cannes, dont la hauteur, proportionnée aux différens degrés de la maturité, change fucceffivement les champs comme en autant de bois taillis. On y met le feu, foit pour couvrir fes flancs ou fa marche, foit pour retarder la pourfuite de l'ennemi, pour le tromper ou l'étonner. En deux heures de tems, l'incendie offre à la place d'un pays couvert, des efpèces de chaumes ou de guérets à perte de vue.

La féparation des pièces de cannes, les favanes & les places à vivres, ne gênent pas plus les mouvemens d'une armée, que ne le font nos prairies. Au lieu de nos villages, ce font des habitations, moins peuplées, mais plus multipliées. Les haies de citronniers épaiffes & tirées au cordeau, plus impofantes & moins pénétrables que les clôtures de nos champs : c'eft-là ce qui fait la plus grande différence de perfpective, entre les campagnes de l'Amérique & celles de l'Europe.

Peu de rivières; quelques ravines; de foibles monticules; un fol généralement uni; des digues contre les inondations; peu ou point de foffé; un ou deux bois d'une foible épaiffeur; un petit nombre de marécages; une terre qui fe couvre d'eau dans un orage, & de pouffière en douze heures de foleil; des fleuves d'un jour, taris le lendemain : voilà ce qui caractérife le maffif de la plaine du cap. C'eft dans fa diverfité qu'on doit trouver des campemens avantageux; fans oublier que dans une guerre défenfive, le pofte qu'on va prendre ne fauroit être trop voifin de celui que l'on quitte.

Ce n'eft pas aux écrivains à prefcrire des règles aux gens de guerre. Céfar lui-même a dit ce qu'il a fait, & non ce qu'il falloit faire. Les defcriptions topographiques, l'appréciation des poftes, la combinaifon des marches, l'art des campemens & des retraites, la plus favante théorie : tout eft foumis au coup-d'œil du général, qui, avec les principes dans fa tête & les matériaux dans sa main, applique les uns & les autres aux circonstances locales & momentanées, où le hasard l'a placé. Le génie militaire, tout mathématique qu'il est, est dépendant de la fortune qui subordonne l'ordre des opérations à la variabilité des données. Les règles sont hériffées d'exceptions, que le tact doit pressentir. L'exécution même change presque toujours le plan & dérange le système d'une action. Le courage ou la timidité des troupes ; la témérité de l'ennemi ; le succès éventuel de ses mesures ; une rencontre, un événement imprévus; un orage qui gonfle un torrent; le vent qui dérobe un piège ou une embuscade, sous des tourbillons de pouffière; la foudre qui épouvante les chevaux, ou qui se confond avec le bruit des canons; la température de l'air, dont l'influence agit continuellement sur les esprits du chef & sur le sang des soldats : ce sont autant d'élémens physiques ou moraux, qui, par leur inconstance, entraînent un renversement total dans les projets les mieux concertés.

Quel que soit le choix du lieu pour une descente au Nord de Saint-Domingue, la ville du Cap en fera toujours l'objet. Le débarquement se fera sans doute dans la baie du Cap même, où les vaisseaux seroient à portée d'augmenter les forces de terre par les deux tiers de leurs équipages, & de fournir l'artillerie, les vivres & les munitions nécessaires pour assiéger cette opulente forteresse. C'est aussi de ce boulevard de la colonie, que tous les mouvemens de défense doivent tâcher d'éloigner l'assaillant. On cherchera par l'avantage des positions, à diminuer l'inégalité des forces. Au moment de la descente, il faut chicaner le terrein, en soutenant un commencement d'attaque, sans compromettre la totalité des troupes. On se postera de façon à se ménager deux branches de retraite, l'une vers le Cap pour en former la garnison, & l'autre dans les gorges des montagnes, pour y tenir une espèce de camp retranché, d'où l'on ira troubler les travaux du siège, & retarder la prise de la place. Fût-elle emportée, comme il seroit facile en l'évacuant de favoriser l'évasion des troupes, tout ne seroit pas fini. Les montagnes où elles se réfugieroient, inaccessibles pour une armée, enveloppent la plaine d'une double ou triple chaîne. Les quartiers habités en font comme gardés par des gorges fort ferrées & faciles à défendre. La principale de ces gorges, qui est celle de la grande rivière, oppose à l'ennemi deux ou trois passes de rivière, qui s'étendent d'une montagne à l'autre. Quatre ou cinq cens hommes y arrêteroient les plus nombreuses forces, avec la seule précaution de creuser le lit des eaux. Cette résistance pourroit être secondée par vingt-cinq mille habitans blancs ou noirs, établis dans ces vallées. Comme les blancs y sont plus multipliés que dans les terres plus riches, la modicité de leurs récoltes ne leur permettant point de consommer beaucoup de denrées d'Europe, ils cultivent des productions dont ils vivent; & dès-lors, ils pourroient en fournir aux troupes qui défendroient leur pays. Ce qu'ils ne donneroient pas en viande fraîche, seroit remplacé par les Espagnols, qui, sur les derrières de ces montagnes, élèvent de nombreux troupeaux.

Cependant il peut arriver que la constance des troupes s'épuise par le manquement des vivres ou des munitions, & qu'elles foient forcées ou tournées. C'eſt ce qui fit imaginer à Verſailles, il y a quelques années, de bâtir une place forte dans le centre des montagnes. Le maréchal de Noailles appuyoit vivement ce projet. On penſoit alors qu'avec des redoutes de terre diſperſées ſur la côte, on pourroit engager l'ennemi à des attaques regulières, & le miner ſourdement par la perte de beaucoup d'hommes, dans un climat où les maladies les conſomment plus rapidement que les combats. On ne vouloit plus de ces places de guerre, expoſées ſur la frontière à l'invaſion des maîtres de la mer, parce qu'incapables de défendre l'habitant, elles ſervent de boulevard au vainqueur, qui les prend & les garde facilement avec des vaiſſeaux, y dépoſe & en tire à ſon gré des armes & des troupes pour ſoutenir les vaincus. Un pays entiérement ouvert valoit mieux, diſoit-on, pour une puiſſance ſans forces maritimes, que des forces éparſes & abandonnées, ſur des rivages dévaſtés & dépeuplés par l'intempérie du climat.

C'étoit dans le centre de l'iſle qu'on ſe

promettoit d'établir folidement fa défenfe. Une route de vingt à trente lieues, entrecoupée d'obftacles, où chaque marche feroit achetée par des combats, dans lefquels l'avantage des poftes rendroit un détachement redoutable à toute une armée; où les tranfports d'artillerie lents & laborieux, la difficulté des convois & l'intervalle de la communication avec l'océan, tout enfin confpireroit à la deftruction de l'ennemi: tel devoit être, pour ainfi dire, le glacis de la place qu'on fe propofoit de conftruire. Cette capitale fituée dans un lieu où l'élévation des terres tempérant la chaleur du climat, épureroit l'influence de l'air ; au milieu d'une campagne qui fourniroit les commeftibles les plus néceffaires ; environnée de troupeaux qui, paiffant fur un terrain le plus favorable à leur multiplication, feroient confervés pour l'inftant des befoins ; munie de magafins proportionnés à fa grandeur & à fa garnifon: une telle ville auroit changé en un royaume, qui fe foutiendroit long-tems de lui-même, une colonie dont l'opulence ne fait que diminuer la force, & qui donnant le fuperflu fans avoir le néceffaire, enrichit un petit nombre de propriétaires, qu'elle ne peut cependant faire fubfifter.

Si l'ennemi devenu maître des côtes qu'on ne lui difputeroit pas, vouloit en recueillir les productions, il lui faudroit des armées pour foutenir la défenfive, où les excurfions perpétuelles du centre le réduiroient à fe borner. Les troupes de l'intérieur de l'ifle, toujours fûres d'une retraite refpectable, pourroient être aifément rafraîchies par des fecours venus d'Europe, qui pénétreroient fans peine au centre d'un cercle dont la circonférence eft fi vafte, tandis que toutes les flottes Angloifes ne fuffiroient pas à remplir les vuides que le climat feroit continuellement dans leurs garnifons.

Malgré les avantages qu'on croyoit entrevoir dans la conftruction de cette place intérieure, le projet en fut abandonné pour s'occuper d'un fyftême qui réduiroit au mole Saint-Nicolas toute la défenfe de la colonie. Le nouveau plan ne pouvoit manquer d'être applaudi par les colons qui ne voient jamais fans chagrin auprès de leurs plantations, des citadelles & des garnifons, d'où réfulte moins de fûreté que de dévaftation. Ils comprirent que toutes les forces étant portées sur un seul point, ils n'auroient plus dans leur voisinage sur les trois côtes, que des troupes légères, qui suffisant pour éloigner des corsaires par des batteries, sont d'ailleurs des défenseurs commodes, prèts à céder sans résistance, à se disperser, ou à capituler au moindre signe d'une descente.

Ce plan favorable à l'intérêt particulier, se trouva conforme à l'opinion de militaires très-éclairés. Ils pensèrent que le petit nombre de troupes dont la colonie est susceptible, étant comme perdu dans une isle aussi grande que Saint-Domingue, paroîtroit quelque chose au mole. C'est Bombardopolis qu'on choisit comme le poste le plus respectable. Cette nouvelle ville est placée à l'extrèmité d'une grande plaine dont l'élévation assure la fraîcheur. Une savane naturelle couvre son territoire, embelli par des bosquets de palmiers & de latoniers. Rien ne le domine, ce qui est rare à Saint-Domingue. On pourroit y bâtir une place régulière aussi forte qu'on le voudroit. Si elle ne préservoit pas les côtes d'une invasion, elle empêchetoit le conquérant de s'y établir folidement.

Il feroit à fouhaiter, ajoutent les partifans de ce nouveau fyftème, qu'au moment qu'on a commencé les travaux au mole, on y eût fait toutes les fortifications que comportoit une pofition fi avantageufe. C'eft un tréfor qu'on ne devoit découvrir qu'en s'en affurant la poffeffion. Si cette précieufe clef de Saint-Domingue, & même de l'Amérique, venoit à tomber entre les mains des Anglois, ce Gibraltar du Nouveau-Monde feroit plus fatal à l'Efpagne & à la France, que celui de l'Europe même.

Au refte, qu'on ne s'étonne pas de voir fi peu de folidité dans toutes les précautions qu'on a prifes jufqu'ici pour la défenfe de Saint-Domingue. Tant que la prévoyance & la protection étoient bornées à des moyens du fecond ordre, qui ne pouvoient que retarder & non empêcher la conquête de cette ifle, il n'étoit pas poffible de fuivre un plan invariable. Les principes fixes appartiennent exclufivement aux nations qui peuvent compter fur leurs forces navales pour conferver ou pour recouvrer leurs colonies. Celles de la France n'ont pas été jufqu'ici gardées par ces arsenaux mouvans, qui peuvent à la fois attaquer & défendre : mais cette puissance a ouvert les yeux, & sa marine devient formidable. Il reste à examiner si elle a conduit ses possessions éloignées dans les maximes d'une politique éclairée & bien ordonnée ?

Le gouvernement Britannique, toujours dirigé par l'esprit national, qui ne s'écarte guère des vrais intérêts de l'état, a porté dans le Nouveau-Monde le droit de propriété, qui fait la base de sa législation. Convaincu que l'homme ne croit jamais bien posséder que ce qu'il a légitimement acquis, il a vendu, mais à un prix très-modéré, le sol qu'on vouloit défricher dans ses isles. Cette méthode lui a semblé la plus sûre, pour hâter l'exploitation des terres, pour empêcher les particularités & les jalousies que feroit naître une distribution guidée par les caprices de la faveur.

L.
Le droit de propriété est-il bien établi dans les isles Françoises?

La France a tenu une conduite plus noble en apparence, mais en effet moins sage, en accordant gratuitement des possessions à ceux qui en demandoient. Dans le premier âge de ses colonies, un vagabond s'enfonçoit dans les forêts, y marquoit l'espace plus ou moins étendu qu'il lui plaisoit d'occuper, & en fixoit les limites en abattant tout autour des arbres. Ce désordre ne pouvoit durer. Cependant l'autorité ne se permit pas de dépouiller ceux qui s'étoient fait à eux-mêmes un droit : elle régla seulement que dans la suite il n'y auroit de propriété légitime que celle qui feroit accordée par les administrateurs. Sans aucun égard aux talens & aux facultés, la protection devint alors la mesure unique des distributions. On stipuloit à la vérité que les colons commenceroient leur établissement dans l'année même de la concession, & qu'ils n'en discontinueroient pas le défrichement, sous peine de confiscation. Mais outre l'inconvénient d'obliger aux dépenses de l'exploitation, des hommes qui n'avoient pas eu les moyens d'acquerir un fonds, la peine n'étoit infligée qu'à ceux qui, sans fortune & sans naissance, n'intéressoient personne à leur avancement, ou à des mineurs foibles & abandonnés, que la commisération publique auroit dû secourir dans la misère où la mort de leurs parens les laiſſoit expoſés. Tout propriétaire qui trouvoit de la recommandation ou de l'appui, pouvoit impunément garder ſon domaine en friche.

A cette prédilection qui devoit retarder ſenſiblement le progrès des colonies, s'eſt jointe une foule d'arrangemens économiques plus vicieux les uns que les autres. On a d'abord aſſujetti tous ceux à qui l'on donnoit des terres, à y planter cinq cens foſſes de manioc pour chaque eſclave qu'ils auroient ſur leur habitation. Cet ordre bleſſoit également, & l'intérêt des particuliers, en les forçant à cultiver une production vile ſur un terrein qui pouvoit en rapporter de plus riches : & l'intérêt public, en rendant inutiles les terreins ſecs qui n'étoient propres qu'à ce genre de production. C'étoit un double vice qui devoit diminuer la culture de toutes les denrées. Auſſi la loi qui faiſoit violence à la diſpoſition de la propriété, n'a-t-elle jamais été rigoureuſement exécutée : mais comme on ne l'a pas révoquée, elle eſt toujours un fléau entre les mains de l'adminiſtrateur ignorant, bizarre ou paſſionné, qui voudra s'en ſervir contre les habitans.

bitans. C'est pourtant le moindre des maux qu'ils ont à reprocher à la législation. La contrainte des loix agraires est encore aggravée par le poids des corvées.

Il fut un tems en Europe, c'étoit celui du gouvernement féodal, où les métaux n'entroient guère dans les stipulations publiques ou particulières. Les nobles servoient l'état, non de leur bourse, mais de leur personne; & ceux de leurs vassaux qu'ils s'étoient comme appropriés par la conquête, leur payoient des redevances, soit en denrées, soit en travaux. Ces usages destructifs pour les hommes & les terres, devoient perpétuer la barbarie dont ils tiroient leur origine. Mais enfin ils tombèrent par degré, à mesure que l'autorité des rois sous l'appât de l'affranchissement des peuples, vint à sapper l'indépendance & la tyrannie des grands. Le prince devenu seul maître, abolit comme magistrat, quelques abus nés du droit de la guerre qui détruit tous les droits. Il conserva cependant beaucoup de ces usurpations consacrées par le tems. Celle des corvées s'est maintenue en quelques états, où la noblesse a presque tout perdu, sans

R

que le peuple y ait rien gagné. La France voit encore son aisance gênée par cette servitude publique, dont on a réduit l'injustice en méthode, comme pour lui donner une ombre d'équité.

Qui croiroit que sous le siècle le plus éclairé de cette nation; au tems où les droits de l'homme avoient été le plus sévérement discutés; lorsque les principes de la morale naturelle n'avoient plus de contradicteurs; sous le règne d'un roi bienfaisant; sous des ministres humains; sous des magistrats intègres, on ait prétendu qu'il étoit dans l'ordre de la justice, & selon la forme constitutive de l'état, que des malheureux qui n'ont rien fussent arrachés de leurs chaumières, distraits de leur repos ou de leurs travaux, eux, leurs femmes, leurs enfans & leurs animaux, pour aller, après de longues fatigues, s'épuiser en fatigues nouvelles, à construire des routes encore plus fastueuses qu'utiles, à l'usage de ceux qui possèdent tout, & cela sans solde & sans nourriture.

Ames de bronze, faites un pas de plus, & bientôt vous vous persuaderez qu'il vous eſt permis..... je m'arrête. L'indignation me pouſſeroit trop loin. Mais il convient d'avertir le gouvernement que l'affreux ſyſtème des corvées eſt encore plus funeſte à ſes colonies. La culture des terres, par la nature du climat & la nature des productions, exigeant plus de célérité, ne peut que ſouffrir extrêmement de l'abſence de ſes agens, qu'on occupe loin de leurs ateliers à des ouvrages publics, ſouvent inutiles, & toujours faits pour des bras oiſifs. Si la métropole, malgré la foule des moyens qu'elle a ſous la main, n'eſt pas encore parvenue à corriger ou à tempérer la vexation des corvées, elle doit juger combien il en réſulte d'inconvéniens au-delà des mers, quand la direction de ces travaux eſt confiée à deux adminiſtrateurs qui ne peuvent être ni dirigés, ni redreſſés, ni arrêtés, dans l'exercice arbitraire d'un pouvoir abſolu. Mais le fardeau des corvées eſt doux & léger, au prix de celui des impôts.

On peut définir l'impôt, une contribution pour la dépenſe publique, qui eſt néceſſaire à la conſervation de la propriété particulière. La jouiſſance paiſible des terres

LI. Les impôts ſont-ils convenablement aſſis dans les iſles Françoiſes ?

& des revenus, exige une force qui les défende de l'invasion, une police qui assure la liberté de les faire valoir. Tout ce qu'on paie pour le maintien de cet ordre public, est de droit & de justice ; ce qu'on leve de plus est extorsion. Or, toutes les dépenses du gouvernement que la métropole fait pour les colonies, lui sont payées par la contrainte qui leur est imposée, de ne cultiver que pour elle, & de la manière qui lui convient. Cet assujettissement est le plus onéreux des tributs, & devroit tenir lieu de tous les impôts.

On sentira cette vérité, pour peu qu'on réfléchisse à la différence de situation qui se trouve entre l'ancien & le Nouveau-Monde. En Europe, la subsistance & les consommations intérieures sont le but principal du travail des terres & des manufactures : on ne destine à l'exportation que le superflu. Dans les isles, tout doit être envoyé au-dehors. La vie & les richesses y sont également précaires.

En Europe, la guerre ne prive le manufacturier & le cultivateur que du commerce extérieur : la ressource de l'intérieur leur reste. Dans les isles les hostilités anéantisfent tout. Il n'y a plus de ventes, plus d'achat, plus de circulation. A peine le colon retire-t-il fes frais.

En Europe, le colon qui a peu de terres, & qui ne peut faire que des avances peu confidérables, cultive à proportion auffi utilement que celui dont les domaines font étendus & les tréfors immenfes. Dans les ifles, l'exploitation de la moindre habitation exige des dépenfes qui fuppofent d'affez grands moyens.

En Europe, c'eft en général un citoyen qui doit à un autre citoyen : l'état n'eft pas appauvri par ces dettes intérieures. Les dettes des ifles font d'une autre nature. Plufieurs colons, pour travailler à leurs défrichemens, pour fe relever du malheur des guerres qui avoient arrêté leurs exportations, fe font tellement obérés par la reffource des emprunts, qu'on peut les regarder plutôt comme des fermiers du commerce, que comme les propriétaires des habitations.

Soit que ces réflexions aient échappé au miniftère de France, foit que les circonftances l'aient entraîné loin de fes vues, il a ajouté de nouveaux impôts à l'obligation imposée aux colonies, de tirer tous leurs besoins de la patrie principale, & de lui livrer toutes leurs denrées. On a taxé chaque tête de noir. Cette capitation a été restreinte dans quelques établissemens, aux esclaves qui travailloient; & dans quelques autres, elle est indifféremment étendue à tous les esclaves. Les deux dispositions ont été combattues par la colonie de Saint-Domingue assemblée. On va juger de la force de ses preuves.

Les enfans, les infirmes, les vieillards, forment à-peu-près le tiers du nombre des esclaves. Loin d'être utiles au cultivateur, les uns ne sont pour lui qu'un fardeau que l'humanité seule lui fait supporter; les autres ne lui donnent que des espérances éloignées & incertaines. On comprend difficilement comme le fisc a pu exiger un tribut, d'un objet qui coûte au lieu de rendre.

La capitation des noirs s'étend au-delà du tombeau; c'est-à-dire, qu'elle existe sur une tête qui n'est plus. Qu'un esclave meure après que le recensement a été fait; le colon, malheureux de la diminution de son revenu, malheureux de la diminution de son capital, se voit encore réduit à payer un droit qui lui rappelle ses pertes, & qui en aggrave l'amertume.

Les esclaves même qui travaillent, ne font pas un tarif exact de l'appréciation des revenus. Avec peu de noirs sur un terrein excellent, on retire plus de productions, qu'un grand nombre n'en donne sur des terres médiocres ou mauvaises. Les denrées qui occupent ces bras chargés du même impôt, n'ont pas toutes la même valeur. Le passage d'une culture à l'autre que le sol exige, éloigne par intervalles le produit des travaux. Les sécheresses, les inondations, les incendies, les insectes dévorans, rendent souvent les peines inutiles. Toutes choses d'ailleurs égales, un moindre nombre d'ouvriers fait une moindre quantité proportionnelle de sucre; soit à cause de la nécessité de l'ensemble, soit parce que les travaux ne sont vraiment productifs qu'autant qu'on peut saisir le moment qui leur est le plus favorable.

La capitation des noirs devient encore plus intolérable par la guerre. Un colon qui, sans débouché pour ses denrées, est obligé de s'endetter pour foutenir fa vie, & fuftenter fa terre, fe trouve encore réduit à payer un impôt pour des efclaves dont le travail équivaut à peine à leur entretien. Souvent même, il a le chagrin d'être forcé de les envoyer loin de fon habitation, pour les befoins imaginaires de la colonie, de les y nourrir à fes frais, & de les voir périr inutilement, avec la cruelle néceffité de les remplacer un jour, s'il veut faire revivre fes fonds languiffans & comme anéantis.

Le fardeau de la capitation étoit plus pefant encore, pour les habitans abfens de la colonie qu'on condamnoit au triple de cet impôt : furcharge d'autant plus injufte, qu'il n'importoit guère à la France que fes marchandifes fe confommaffent dans le fein du royaume ou dans fes ifles. Prétendoit-elle empêcher l'émigration des colons ? Ce n'eft que par la douceur du gouvernement qu'on fixe des citoyens dans un pays, & non par des prohibitions & des peines. D'ailleurs, des hommes qui, fous un ciel brûlant, avoient accru par des travaux hafardeux la profpérité publique, devoient avoir la douceur de finir leur carrière dans le féjour tempéré de la métropole. Quoi de plus propre que le fpectacle de leur fortune, à réveiller l'ambition & l'activité d'un grand nombre d'hommes oififs, dont l'état fe délivreroit au profit de l'induftrie & du commerce ?

Rien de plus nuifible à l'un & à l'autre que cette capitation des noirs. La néceffité de vendre oblige le colon de baiffer le prix de fa denrée. Le bon marché peut être avantageux, lorfqu'il eft le fruit d'une grande abondance, & la fuite d'une vivacité extrême dans les affaires. Mais tout eft perdu, fi l'on eft réduit à perdre habituellement fur fes marchandifes, pour payer le retour d'un impôt. La finance eft comme un ulcere, où les chairs mortes dévorent les chairs vivantes. A mefure que le fang paffe dans une plaie par la circulation, il fe corrompt pour la nourrir. Le commerce tarit par les canaux abforbans du fifc, qui reçoit toujours fans jamais rendre.

Enfin l'impôt dont il s'agit, eft d'une perception très-difficile. Il faut néceffairement que tout propriétaire qui a des efclaves, en donne chaque année une déclaration. Il faut, pour prévenir les fauſſes déclarations, les faire vérifier par des commis. Il faut confifquer les nègres non déclarés : pratique infenſée, puifque le nègre cultivateur eſt un capital, & que par fa confifcation on diminue la culture, on anéantit l'objet même pour lequel le droit eſt établi. C'eſt ainſi que dans des colonies où rien ne peut profpérer fans une tranquillité profonde, il s'établit entre la finance & le cultivateur une guerre deſtructive. Les procès fe multiplient ; les déplacemens deviennent fréquens, les voies de rigueur néceſſaires, les frais confidérables & ruineux.

Si l'impôt aſſis fur la tête des nègres eſt injuſte dans fon étendue, fans égalité dans fa répartition, compliqué dans fa perception ; l'impôt établi fur les denrées qui fortent des colonies, n'eſt guère moins blâmable. Le gouvernement fe l'eſt permis, dans la perfuafion que ce nouveau droit feroit entièrement fupporté par le confommateur, ou par le marchand. Il n'y a point d'erreur plus dangereufe en économie politique.

L'action de confommer ne donne point d'argent pour payer les chofes que l'on confomme. Le confommateur l'obtient de fon travail; & tout travail, quand on en fuit la chaîne, eft payé par les premiers propriétaires du produit des terres. Dès-lors une denrée ne fauroit renchérir conftamment, que les autres ne renchériffent à proportion. Dans cet arrangement, il n'y a de gain pour aucune. Otez cet équilibre, la confommation de la denrée renchérie diminuera néceffairement; & fi elle diminue, fon prix tombera. Sa cherté n'aura été que paffagere.

Le négociant ne fera pas plus en état que le confommateur de fe charger du droit. Il pourra bien en faire les avances deux ou trois fois. Mais s'il ne fait pas fur les marchandifes taxées le bénéfice naturel & néceffaire, il en difcontinuera bientôt le commerce. Efpérer que la concurrence le forcera à prendre fur fes profits le paiement de l'impôt, c'eft fuppofer qu'il faifoit de trop gros bénéfices, & que la concurrence, qui n'étoit pas alors fuffifante, deviendra plus vive, lorfque les profits feront diminués. Si les chofes étoient au contraire telles qu'elles devoient être, & que les bénéfices ne fuffent que fuffifans : c'eſt fuppoſer que la concurrence fubfiſtera, quoique les profits qui la faifoient naître ne fubfiſtent plus. Il faut admettre toutes ces abſurdités, ou convenir que c'eſt le cultivateur des iſles qui paie l'impôt; qu'il foit perçu dans la premiere, dans la feconde ou dans la centieme main.

Loin d'attaquer ainſi la cultivation des colonies par des impôts, on devroit l'encourager par des libéralités, puiſque par l'état de prohibition où l'on tient le commerce des colonies, ces libéralités feroient néceſſairement rapportées à la métropole, avec tous les fruits dont elles auroient été la femence.

Que fi la fituation d'un état arriéré par fes pertes & par fes fautes, ne permet pas de donner des leviers & d'ôter des fardeaux; on pourroit fe rapprocher de la meilleure adminiſtration, en fupprimant du moins le paiement des taxes dans les colonies même, pour en lever le produit dans la métropole. Ce nouveau fyſtème feroit également agréable aux deux mondes.

Rien ne peut flatter l'Américain, comme d'éloigner de fes yeux tout ce qui lui annonce fa dépendance. Fatigué de l'importunité des exacteurs, il hait une taxe habituelle ; il en craint l'augmentation. Il cherche envain la liberté qu'il croyoit avoir trouvée à deux mille lieues de l'Europe. Il s'indigne d'un joug qui le pourfuit à travers les tempêtes de l'océan. Il ronge en murmurant les reftes de fon frein, & ne penfe qu'avec dépit à une patrie qui, fous le nom de mere, lui demande du fang, au lieu de le nourrir. Otez-lui la vue & l'image de fes entraves. Que fes richeffes ne paient tribut à la métropole qu'en y débarquant : il fe croira libre & privilégié, lors même que par la diminution de la valeur de fes denrées, ou par le furcroît du prix qu'il mettra à celles d'Europe, il aura réellement porté par contre-coup tout le poids de l'impôt qu'il ignore.

Les navigateurs trouveront un avantage à ne payer des droits que fur une marchandife, qui, déformais fans rifque dans toute fa valeur, fera parvenue à fa deftination, & fera rentrer dans leurs mains le capital de leurs fonds avec le bénéfice. Ils n'auront pas la douleur d'avoir acheté du prince le rifque même du naufrage, en perdant en toute une cargaifon dont ils avoient payé la taxe à l'embarquement. Leurs navires au contraire rapporteront en denrées le montant du droit, & la valeur des productions ayant augmenté par leur exportation, le droit en paroîtra moins fort.

Enfin le confommateur y gagnera lui-même, parce qu'il n'eft pas possible que le colon & le négociant fe trouvent bien d'une difpofition, fans qu'il lui en revienne, avec le tems, quelque utilité. Auffi-tôt que tous les impôts auront été réduits à un impôt unique, il y aura moins de formalités, moins d'embarras, moins de lenteurs, moins de frais, & par conféquent la marchandife pourra être donnée à meilleur marché.

Ce fyftème de modération, que tout femble prefcrire, s'établira fans peine. Toutes les productions des ifles font affujetties, en entrant dans le royaume, à un droit connu fous le nom de domaine d'Occident, & qui eft fixé à trois & demi pour cent avec huit fols pour livre. Leur valeur, qui fert de regle au paiement du droit, eft déterminée dans les mois de janvier & de juillet. On la fixe à vingt ou vingt-cinq pour cent au-deſſous du cours réel. Le bureau d'Occident accorde d'ailleurs une tarre plus conſidérable que ne le fait le vendeur dans le commerce. Qu'on ajoute à cet impôt celui du même rapport à peu près que paient les denrées aux douanes des colonies, ceux qui ſont payés dans l'intérieur de ces iſles, & le gouvernement ſe trouvera avoir tout le revenu qu'il tire de ſes établiſſemens du Nouveau-Monde.

Si ce fonds étoit confondu avec les autres revenus de l'état, on pourroit craindre qu'il ne fût pas employé à ſa deſtination, qui doit être uniquement la protection des iſles. Les beſoins imprévus du tréſor-royal lui feroient prendre infailliblement une autre direction. Il eſt des inſtans où la criſe du mal ne permet pas de calculer les inconvéniens du remède. La néceſſité la plus urgente abſorbe toute l'attention. Rien n'eſt alors à l'abri du pouvoir arbitraire, dirigé par le beſoin du moment. Le miniſtere prend & vuide toujours, dans la fauſſe eſpérance d'un remplacement prochain que de nouveaux beſoins ne ceſſent de reculer.

D'après ces réflexions, ne ſeroit-il pas

essentiel que la caisse destinée à recevoir les droits établis sur les productions des colonies, fût entiérement séparée des fermes du royaume ? L'argent, qui y seroit toujours comme en dépôt, couvriroit les dépenses de ces établissemens. Le colon qui a continuellement des fonds à faire passer en Europe, le donneroit volontiers pour des lettres-de-change, dès qu'il seroit assuré qu'elles ne souffriroient ni délais ni difficultés. Cette espèce de banque formeroit promptement un nouveau lien de correspondance entre les isles & la métropole. La cour connoîtroit plus exactement la situation des affaires publiques dans les pays éloignés : elle y recouvreroit un crédit qu'elle a tout-à-fait perdu depuis long-tems, quelque besoin qu'elle en ait, sur-tout dans des tems de guerre. Nous ne pousserons pas plus loin les discussions sur l'impôt : & nous passerons à ce qui regarde les milices.

LII. *Les milices sont-elles bien ordonnées dans les isles Françoises ?*

Les isles Françoises, de même que celles des autres nations, n'eurent dans l'origine aucunes troupes réglées. Les aventuriers qui les avoient conquises, regardoient comme un privilege le droit de se défendre eux-mêmes ;

mêmes ; & les defcendans de ces hommes intrépides fe crurent affez forts pour garder leurs poffeffions. Qu'avoient-ils en effet qu'à repouffer quelques bâtimens qui débarquoient des matelots & des foldats auffi peu difciplinés que les habitans qu'ils venoient infulter ?

Tout eft changé & a dû changer. Lorfqu'on a prévu que ces établiffemens, devenus confidérables par leurs richeffes, feroient attaqués tôt ou tard par des armées Européennes, tranfportées fur de nombreufes flottes, on y a fait paffer d'autres défenfeurs. L'événement a prouvé que quelques bataillons épars étoient infuffifans contre les forces terreftres & maritimes de l'Angleterre. Le colon lui-même a jugé fes efforts incapables de retarder la révolution. Il a craint que l'ennemi victorieux ne lui fît payer un obftacle fuperflu ; & on l'a vu moins difpofé à combattre, qu'occupé des fuites de la capitulation. Bientôt calculateur politique, il a fenti que les fonctions militaires ne convenoient plus à fon état d'impuiffance ; & il a donné de l'argent pour être déchargé d'un foin qui, glorieux dans fon principe, étoit

S

dégénéré en une fervitude onéreufe. Les milices furent fupprimées en 1763.

Cet acte de complaifance mérita l'approbation de ceux qui n'envifageoient cette inftitution que comme un moyen de préferver les colonies de toute invafion étrangere. Ils penferent judicieufement qu'il étoit abfurde d'exiger que des hommes qui ont vieilli fous un ciel ardent, pour élever l'édifice d'une grande fortune, s'expofaffent aux mêmes dangers que ces malheureufes victimes de notre ambition, qui jouent à chaque moment leur vie pour une folde infuffifante à leur fubfiftance. Un pareil facrifice leur parut contrarier trop la nature, pour qu'il fût raifonnable de l'efpérer; & ils applaudirent au miniftere, qui avoit fenti qu'il convenoit de renoncer à une défenfe fi vaine & fi onéreufe.

Les obfervateurs, à qui les établiffemens du Nouveau-Monde font mieux connus, porterent de cette innovation un jugement moins favorable. Les milices, difoient-ils, font néceffaires pour maintenir la police intérieure des ifles; pour prévenir la révolte des efclaves; pour arrêter les courfes des nègres fugitifs; pour empêcher l'attroupement des voleurs; pour protéger le cabotage; pour garantir les côtes contre les corsaires. Si les colons ne forment pas des corps, s'ils n'ont ni chefs ni drapeaux; comment éloigner tant de dangers? comment dissiper ces fléaux destructeurs, lorsqu'il n'aura pas été possible de les étouffer avant leur naissance? d'où naîtront cette harmonie & cet accord, sans lequel rien ne se fait convenablement?

Ces réflexions, qui, toutes frappantes, toutes naturelles qu'elles sont, avoient pourtant échappé à la cour de Versailles; ne tardèrent pas à changer ses dispositions. Elle se pénétra de la nécessité de rétablir les milices; mais sans vouloir renoncer aux taxes consenties pour l'entretien des troupes régulieres. La difficulté étoit d'amener les peuples à cet arrangement. On négocia, on corrompit, on menaça. La Guadeloupe & la Martinique, quoique révoltée des abus d'une autorité inconstante & précipitée, se soumirent enfin aux volontés du ministère en 1767: mais cet exemple ne fit pas sur Saint-Domingue l'impression désirée, espérée peut-être. L'année suivante, il fallut faire la guerre à cette riche colonie; & ce ne fut qu'après avoir mis aux fers les magistrats de l'ouest & du sud de l'isle; qu'après avoir jonché la terre de cadavres, qu'il fut possible de réduire à la soumission des cultivateurs, aigris par les vexations d'un gouvernement avide.

Depuis cette époque, malheureusement gravée en lettres de sang, tous les habitans des possessions Françoises dans l'autre hémisphère, sont de nouveau enrégimentés. Les obligations, que cette espece d'enrôlement impose, ont souvent varié, & ne sont pas encore clairement énoncées. Cette obscurité, toujours dangereuse dans les mains de chefs, sans cesse occupés du soin d'étendre leur jurisdiction, tient le citoyen dans des alarmes continuelles pour sa liberté, dont on est plus jaloux en Amérique qu'en Europe; elle l'expose chaque jour à des vexations. De-là suit pour ce genre de servitude, une horreur qui ne peut étonner que des tyrans ou des esclaves. On doit, s'il se peut, effacer les impressions du passé, on doit dissiper les défiances pour l'avenir.

La législation y réussira, en faisant dans la forme des milices, tous les changemens qui peuvent se concilier avec la police & la sûreté qu'elles doivent avoir pour objet. C'est le bonheur des peuples gouvernés, qu'il faut envisager dans l'usage de l'autorité. Si le souverain ne marche pas vers ce but, il ne vivra que sur des métaux ou des registres, bientôt usés par le tems, ou dédaignés de la postérité. En vain, la flatterie élève aux princes des monumens superbes & multipliés. La main de l'homme les érige : mais c'est le cœur qui les consacre. L'amour y met le sceau de l'immortalité. Sans lui, les hommages publics n'étalent que la bassesse du peuple & non la grandeur du maître. Il y a dans Paris une statue, qui fait tressaillir tous les cœurs d'un sentiment de tendresse. Tous les regards se tournent vers cette image de bonté paternelle & populaire. Les larmes des malheureux l'invoquent dans le silence de l'oppression. On bénit en secret le héros qu'elle éternise. Toutes les voix se réunissent après deux siecles pour célébrer sa mémoire. Du fond de l'Amérique, on réclame son nom. Dans tous les cœurs, il protefte contre les abus de l'autorité ; il prefcrit contre les ufurpations des droits du peuple ; il promet aux fujets la réparation des maux & l'amélioration du bien ; il demande l'une & l'autre aux miniftres.

LIII. *Le partage des héritages eft-il utilement réglé dans les ifles Françoifes?*
On doit mettre au rang des chofes qu'il faut réformer, l'ufage établi dans les poffeffions Françoifes du Nouveau-Monde, de partager également, entre des enfans, l'héritage de leur pere ; entre des cohéritiers, la fucceffion de leur parent.

Nous abhorrons avec tous les hommes raifonnables, que l'orgueil ou le préjugé n'ont point corrompus, nous abhorrons le droit abfurde de primogéniture, qui transfère le patrimoine entier d'une maifon à un aîné qu'il corrompt, & qui précipite dans l'indigence fes freres & fes fœurs, punis comme un crime du hafard, qui les a fait naître quelques années trop tard. En font-ils moins légitimes ? celui qui leur a donné l'exiftence eft-il moins refponfable de leur bonheur ? Un chef de famille n'eft que dépofitaire ; & fut-il jamais permis à un dépofitaire de divifer inégalement le dépôt entre des intéressés qui ont un droit égal ? Si un sauvage laissoit en mourant deux arcs & deux enfans, & qu'on lui demandât ce qu'il faut faire de ces deux arcs, ne répondroit-il pas qu'il en faut donner un à chacun ; & s'il les léguoit tous deux au même, ne laisseroit-il pas entendre que le proscrit est un fruit des mauvaises mœurs de sa femme ? Dans les contrées où cette monstrueuse exhérédation est autorisée, le pere est moins respecté de tous ; de l'aîné auquel il ne peut rien ôter, des cadets auxquels il ne peut rien donner. A la tendresse filiale qui s'éteint, succède un sentiment de bassesse, qui accoutume presque dès le berceau trois ou quatre enfans à ramper aux pieds d'un seul, qui en conçoit une importance personnelle, qui ne manque guère de le rendre insolent. Des peres & des meres honnêtes craignent de multiplier autour d'eux des indigens condamnés au célibat. Tout l'héritage est placé dans les mains d'un fou, dont on n'arrête les dissipations, que par la substitution, qui est un autre mal. De si grandes calamités doivent faire présumer que le droit de primogéniture, que la superstition ne consacra pas à son origine, & que le despotisme n'a aucun intérêt à perpétuer, sera tôt ou tard aboli. C'est un reste de barbarie féodale, dont nos descendans rougiront un jour.

Cependant, la loi de l'égalité, qui semble dictée par la nature même; qui se présente la premiere au cœur de l'homme juste & bon; qui ne laisse d'abord aucun doute à l'esprit sur sa rectitude & son utilité : cette loi peut être quelquefois contraire au maintien de nos sociétés. On en a l'exemple dans les isles Françoises qu'elle écarte de leur destination & dont elle prépare de loin la ruine.

Le partage fut nécessaire dans la formation des colonies. On avoit à défricher des contrées immenses. Le pouvoit-on sans population ? & comment, sans propriété, fixer dans ces régions éloignées & désertes, des hommes, qui, la plupart, n'avoient quitté leur patrie que faute de propriété ? Si le gouvernement leur eût refusé des terres, ces aventuriers en auroient cherché de climat en climat, avec le désespoir de commencer des établissemens sans nombre, dont aucun n'auroit pris cette consistance qui les rend utiles à la métropole.

Mais depuis que les héritages, d'abord trop étendus, ont été réduits par une suite de successions & de partages soudivisés, à la juste mesure que demandent les facilités de la culture; depuis qu'ils sont assez limités pour ne pas rester en friche, par le défaut d'une population équivalente à leur étendue, une division ultérieure de terreins les feroit rentrer dans leur premier néant. En Europe, un citoyen obscur, qui n'a que quelques arpens de terre, tire souvent un meilleur parti de ce petit fonds, qu'un homme opulent des domaines immenses que le hasard de la naissance ou de la fortune a mis entre ses mains. En Amérique, la nature des denrées qui sont d'un grand prix, l'incertitude des récoltes peu variées dans leur espèce, la quantité d'esclaves, de bestiaux, d'ustenciles nécessaires pour une habitation : tout cela suppose des richesses considérables, qu'on n'a pas dans quelques colonies, & que bientôt on n'aura plus dans aucune, si le partage des successions continue à morceler, à diviser de plus en plus les terres.

Qu'un père, en mourant laisse une succession de trente mille livres de rente. Sa succession se partage également entre trois enfans: Ils seront tous ruinés, si l'on fait trois habitations ; l'un, parce qu'on lui aura fait payer cher les bâtimens , & qu'à proportion il aura moins de nègres & de terres ; les deux autres, parce qu'ils ne pourront pas exploiter leur héritage sans faire bâtir. Ils seront encore tous ruinés, si l'habitation entière reste à l'un des trois. Dans un pays où la condition du créancier est la plus mauvaise de toutes les conditions, les biens se sont élevés à une valeur immodérée. Celui qui restera possesseur de tout, sera trop heureux, s'il n'est obligé de donner en intérêts que le revenu net de l'habitation. Or, comme la première loi est celle de vivre, il commencera par vivre & ne pas payer. Ses dettes s'accumuleront. Bientôt, il sera insolvable ; & du désordre qui naîtra de cette situation, on verra sortir la ruine de tous les cohéritiers.

L'abolition de l'égalité des partages, est le seul remède à ce désordre. Il est tems que la législation, aujourd'hui plus éclairée, voie dans ses colonies plutôt des établissemens de choses, que de personnes. Sa sagesse lui inspirera des dédommagemens convenables, pour ceux qu'elle aura dépouillés & sacrifiés en quelque maniere à la fortune publique. Elle leur doit les moyens de subsister par le seul travail possible à cette espece d'hommes, en les plaçant sur de nouveaux terreins; & elle se doit à elle-même d'acquérir de nouvelles richesses par leur industrie.

Sainte-Lucie & la Guyane offroient, à la paix, un beau moment pour la réforme qu'on propose. La France devoit profiter de cette occasion, peut-être unique, pour supprimer la loi du partage, en distribuant à ceux qu'on auroit dépouillés de leurs espérances, les terres qu'on vouloit mettre en valeur; & pour les avances de cette exploitation, les sommes immenses qu'on y a jettées sans fruit. Des hommes habitués au climat; familiarisés avec la seule culture qu'on pouvoit avoir en vue ; encouragés par l'exemple, les secours & les conseils de leur famille; aidés enfin par les esclaves que l'état leur auroit fournis, étoient plus propres que des vagabonds ramassés dans les boues de l'Europe, à porter de nouvelles colonies au degré d'opulence & de prospérité qu'on devoit s'en promettre. Malheureusement on ne vit pas que les premières colonies en Amérique avoient dû se faire d'elles-mêmes lentement, avec de grandes pertes d'hommes, ou des ressources extraordinaires de bravoure & de patience, parce qu'elles n'avoient point de concurrence à soutenir ; mais que les nouveaux établissemens ne peuvent se former que par voie de génération, comme un nouvel essaim s'engendre d'un ancien. La surabondance de la population dans une isle, doit déborder dans une autre, & le superflu d'une riche colonie fournir le nécessaire à une peuplade naissante. C'est-là l'ordre naturel, que la politique prescrit aux puissances maritimes & commerçantes. Tout autre moyen est déraisonnable, & ne produit que la destruction. Pour n'avoir pas saisi un principe si simple & si fécond, la cour de Versailles ne doit pas rejetter le projet d'empêcher les nouvelles divisions des terres. Si la nécessité de cette loi est prouvée, il faut la faire, quoique dans un tems moins favorable que celui qu'on a laissé échapper. Quand on aura arrêté la décadence des habitations, par la suppression des partages, qui leur coupent tous les ressorts de la reproduction, on pourra les forcer à se libérer des dettes dont elles sont obérées.

Une partie de ces dettes tire son origine des droits qu'une loi peu réfléchie donnoit aux différens cohéritiers. Cet état de détresse a augmenté, à mesure que les colonies devenoient plus riches. Parvenues au point d'avoir plus d'habitans que de plantations à faire, la population surabondante est restée dans l'oisiveté, créancière des terres qu'elle n'occupoit pas, & dès-lors inutile, onéreuse même à la culture.

LIV. A-t-on pourvu sagement au paiement des dettes contractées par les isles Françoises?

Il est d'autres créances qui proviennent de la vente que les colons se sont faite mutuellement de leurs habitations. Rarement va-t-on en Amérique, sans le projet de revenir jouir en Europe des richesses qu'un travail opiniâtre ou des hasards heureux, donnent ordinairement. Ceux qui ne s'écartent point de leurs vues, vivent avec plus ou moins d'économie, & font passer dans leur patrie ce qu'ils ont pu épargner de leurs revenus. Aussi-tôt qu'ils ont atteint le degré de fortune où ils afpiroient, ils cherchent à fe débarraffer de leurs plantations. Dans une région où le numéraire manque, il faut les vendre à crédit ou les garder; & la plupart des propriétaires aiment encore mieux livrer leur héritage à des acquéreurs qui manquent quelquefois à leurs engagemens, que de les confier à des régiffeurs rarement fidèles.

Enfin, les avances faites aux colons ont été l'occafion de beaucoup de créances. Les terres des ifles Françoifes, comme des autres ifles de l'Amérique, n'offroient originairement aucune production qu'on pût exporter. Pour leur donner de la valeur, il falloit des fonds; & les premiers Européens qui les occupèrent ne poffédoient rien. Le commerce vint à leur fecours. Il leur fournit les uftenfiles, les vivres, les efclaves néceffaires pour créer des denrées. Cette affociation des capitaux avec l'induftrie donna naiffance à une grande quantité de dettes, qui fe font multipliées, à mefure que les défrichemens fe font étendus.

Les débiteurs n'ont que trop fouvent manqué aux obligations qu'ils avoient contractées. Un luxe effréné, que rien ne peut excufer dans des hommes nés dans la mifère, en a réduit plufieurs à ce manquement de foi. D'autres y ont été entraînés par une indolence inconcevable dans des efprits ardens qui avoient été chercher au-delà des mers un terme à leur indigence. Les moyens les plus abondans ont péri dans les mains de quelques-uns qui manquoient de l'intelligence. néceffaire pour les faire fructifier. Il s'eft auffi trouvé des colons fans pudeur & fans principes, qui, en état de fe libérer avec leurs créanciers, fe font audacieufement permis de retenir un bien étranger. D'autres caufes ont encore concouru à diminuer la force des engagemens.

Des ouragans, dont on retraceroit difficilement la violence, ont bouleverfé les campagnes & détruit les récoltes. Les bâtimens les plus difpendieux, les plus néceffaires, ont été engloutis par des tremblemens de terre. Des infectes indeftructibles ont dévoré pendant une longue fuite d'années tout ce qu'on pouvoit fe promettre d'un fol fertile & bien cultivé. Quelques denrées, dont la reproduction a furpaffé la confommation, ont perdu leur valeur & font tombées dans le dernier aviliffement. Des guerres longues & cruelles, en oppofant des obftacles infurmontables à la fortie des productions ont rendu inutiles les travaux les mieux fuivis, les plus opiniâtres.

Ces calamités, qu'on a vu quelquefois réunies & qui fe font au moins trop rapidement fuccédées, ont donné naiffance à une jurifprudence favorable aux débiteurs. Le légiflateur a embarraffé de tant de formalités la faifie des terres & des efclaves, qu'il paroît avoir eu le projet de la rendre impraticable. L'opinion a flétri le petit nombre de créanciers qui entreprenoient de vaincre ces difficultés; & les tribunaux eux-mêmes ne fe prêtoient qu'avec une extrême répugnance aux rigueurs qu'on vouloit exercer.

Ce fyftème, qui a paru long-tems le meilleur qu'on pût fuivre, trouve encore quelques partifans. Qu'importe à l'état, difent ces calculateurs politiques, que les richeffes foient entre les mains du débiteur ou du créancier, pourvu que la profpérité publique foit augmentée ? Mais la profpérité publique peut-elle augmenter, lorfqu'on foule aux
pieds

pieds la juſtice ; lorſque le miniſtere encourage la mauvaiſe foi en lui offrant un aſyle ſous la protection de la loi ; car ſi la loi ne pourſuit pas, elle protège ; lorſqu'on fomente entre les citoyens le germe d'une méfiance qui doit, en ſe développant, en faire autant de fripons ennemis les uns des autres ; lorſque des emprunts, ſans aucune ſorte de garantie, ſeront devenus impoſſibles ou ruineux ; lorſque le brigandage de l'uſure s'exercera ſans aucun frein qui le retienne ; lorſqu'il n'y aura plus de crédit, ni au-dehors ni au-dedans de l'état, & que la nation entiere paſſera pour un aſſemblage d'hommes ſans mœurs & ſans principes ? Non, la félicité générale ne peut avoir de baſe ſolide, ſans la validité des engagemens qui en ſont la ſource. Le fiſc lui-même doit ſe libérer par les voies & les règles de la juſtice. La banqueroute du gouvernement eſt un ſcandale, une atteinte plus funeſte encore à la morale de la ſociété qu'à la fortune des citoyens. Un tems viendra que toutes les iniquités ſeront citées au tribunal des nations, & que la puiſſance qui les commet, ſera elle-même jugée par ſes victimes.

T

D'autres spéculateurs, moins relâchés dans leurs principes, ont avancé qu'une législation éclairée annulleroit les dettes antérieures à une époque qu'il faudroit fixer. On n'examinera pas si cette pratique de quelques républiques anciennes a jamais pu être salutaire : mais nous affirmerons, sans crainte de nous égarer, qu'une pareille violation de la foi publique, si elle étoit commune, replongeroit l'Europe, devenue commerçante, dans la barbarie, dans l'inaction & dans la misere où elle étoit il y a trois ou quatre siècles. Heureusement, cette révolution destructive n'est pas à craindre. Le respect pour la propriété s'étend de jour en jour jusques chez les nations les moins éclairées. Avec le tems, il s'établira dans les isles Françoises, comme ailleurs, si le gouvernement réduit enfin les colons à donner quelque satisfaction à leurs créanciers. On ne s'accorde pas sur les voies les plus propres à amener cet acte de justice.

Les uns souhaiteroient des loix somptuaires qui, en bornant les dépenses de l'habitant, le mettroient en état de remplir ses engagemens. Comment a-t-il pu tomber dans l'esprit d'ériger en maxime les privations dans les colonies ? Leurs productions tirent tout leur prix des échanges. Anéantir ces échanges, ne seroit-ce pas forcer les Américains à faire peu de denrées ou à les donner pour rien ? Que si la métropole vouloit remplacer par des métaux la vente de ses marchandises, tout l'or qu'on tire d'une partie du Nouveau-Monde, ne reflueroit-il pas dans l'autre ? Après quinze ou vingt ans d'un pareil commerce, les puissances ennemies de la France n'auroient-elles pas un motif de plus pour attaquer des possessions dont la fertilité leur cause tant d'étonnement & de jalousie ?

D'autres ont imaginé que tout crédit devroit être désormais prohibé. Mais les cultures, actuellement établies, ne souffriroient-elles donc rien de ce système absurde ? Mais le défrichement des terres vierges, qui sont généralement les plus productives, ne seroit-il pas arrêté ? Mais les opérations des négocians de la métropole ne deviendroient-elles pas de jour en jour plus languissantes ? On connoît le chagrin qu'ils ont de voir le colon riche s'accoutumer à envoyer lui-même ses produits en Europe, à tirer d'Europe fes confommations, & à réduire fes correfpondans à n'être que fes commiffionnaires. Si la dépendance, qui eft une fuite néceffaire des dettes venoit à ceffer, ce ne feroit plus un petit nombre de cultivateurs, ce feroit la colonie entière qui feroit fes achats & fes ventes. Elle deviendroit commerçante, & le feroit bientôt fans concurrens, parce qu'elle feule connoîtroit le terme de fes befoins.

Plufieurs voudroient qu'il fût permis de faifir & de vendre les efclaves d'un débiteur. Ceux qui cefferoient d'arrofer de leurs fueurs une plantation, iroient, dit-on, en cultiver une autre; & la colonie ne perdroit rien. Quelle erreur! Non, jamais les noirs ne pafferont impunément d'un attelier à l'autre. Ces hommes, déja trop malheureux, ne prendroient pas les nouvelles habitudes qu'exigeroit un changement de local, de maître, de méthode & d'occupation. Ils ne fauroient fe paffer de leurs maîtreffes & de leurs enfans qui font leur plus chère confolation, le feul bien qui les attache à la vie. Loin de cet unique bien des ames tentres & souffrantes, ils languissent, ils tombent malades, souvent ils désertent, ou du moins ils ne travaillent qu'à regret & sans ardeur. D'ailleurs, en assurant le paiement d'un créancier, on en ruineroit infailliblement plusieurs. Le cultivateur le plus intelligent & le plus actif, privé d'une partie des bras nécessaires aux travaux de sa plantation, deviendroit en peu de tems & pour toujours insolvable.

L'honneur a paru à quelques personnes une ressource plus efficace que toutes les autres. Notez, ont-elles dit, notez d'infamie le débiteur qui manque à ses engagemens, déclarez-le incapable de jamais exercer aucune fonction publique ; & ne craignez pas qu'il se joue de ce préjugé. Les hommes les plus avides ne sacrifient une partie de leur vie à des travaux pénibles, que dans l'espoir de jouir de leur fortune. Or, il n'est point de jouissance dans l'opprobre. Voyez avec quelle exactitude les dettes du jeu sont payées. Ce n'est pas un excès de délicatesse, ce n'est pas l'amour de la justice qui ramènent dans les vingt-quatre heures un joueur ruiné aux pieds d'un créancier quelquefois fufpect. C'eft l'honneur, c'eft la crainte d'être exclu de la fociété. Mais dans quel fiècle, en quel tems invoque-t-on ici le nom facré de l'honneur ? N'eft-ce pas au gouvernement à donner l'exemple de la juftice qu'il veut qu'on pratique ? Seroit-il poffible que l'opinion publique tînt pour flétris des particuliers qui n'auroient fait que ce que l'état fe permet ouvertement ? Lorfque l'opprobre s'introduit dans les grandes maifons, dans les premieres places, dans les camps & dans le fanctuaire, fait-on rougir encore ? Qui pourra craindre d'être déshonoré, fi ceux qu'on appelle gens d'honneur n'en connoiffent plus d'autre que celui d'être riches pour être placés, ou placés pour s'enrichir ; fi, pour s'élever, il faut ramper ; pour fervir l'état, plaire aux grands & aux femmes ; & fi tous les dons de plaire fuppofent, au moins de l'indifférence pour toutes les vertus ? l'honneur qui s'exile des climats de l'Europe, ira-t-il fe réfugier en Amérique ?

La cour de Verfailles, perpétuellement égarée par les adminiftrateurs de fes colonies, a toujours paru vouloir que l'acquittement des dettes y dépendit de leurs volontés arbitraires. Jamais on n'a pu lui faire entendre que c'étoit établir un plan de tyrannie dans le Nouveau-Monde. Des chefs ignorans, capricieux, intéreffés ou vindicatifs peuvent choifir, à leur gré, ceux des débiteurs qu'il leur convient de ruiner. Il leur eft également facile d'etre injuftes envers les créanciers. Ce ne fera, ni le plus ancien, ni le plus preffé, ni le plus honnète qu'ils feront payer : mais le plus puiffant, le plus protégé, le plus actif ou le plus violent. En quelque lieu du monde ou par quelque motif que ce puiffe ètre, l'autorité ne doit point s'affeoir à la place de la juftice, ni la probité ou la vertu, à la place de la loi; parce qu'il n'y a point d'autorité qu'on ne puiffe corrompre; parce qu'il n'y a ni probité, ni vertu qu'on ne puiffe ébranler.

Deux fiècles perdus dans des effais, des expériences, des combinaifons doivent avoir convaincu le miniftere de France que la calamité qu'on déplore ici ne trouvera fon terme que dans des réglemens clairs, fimples, d'une exécution facile. Lorfque les créanciers pourront faire fans délai, fans frais, sans formalités gênantes, toutes les propriétés de leur débiteur, alors seulement l'ordre s'établira. Cette jurisprudence sévère n'aura pas un effet retroactif. L'humanité & la politique indiqueront les tempéramens qu'il conviendra de prendre pour la liquidation des dettes anciennes. Mais pour les engagemens nouveaux, rien ne pourra les souftraire à la rigueur de la loi qu'on aura portée.

Des réclamations amères & très-amères se feront d'abord entendre. Quel sera, dira-t-on, le cultivateur assez téméraire pour former quelque entreprise un peu considérable, quand il verra sa ruine certaine, si la fortune & les élémens ne fécondent pas ses travaux au jour marqué par ses engagemens ? La crainte de la misère & de l'opprobre s'emparera de tous les esprits. Dès-lors plus d'emprunts, plus d'affaires, plus de circulation. L'activité tombera dans l'inertie, le crédit sera détruit par le système même imaginé pour le rétablir.

Nous n'en doutons point, ce sera le premier langage des colons. Mais à la fin, & bientôt, cet ordre de choses sera chéri par ceux même qu'il aura d'abord le plus révoltés. Eclairés par les lumières publiques & par l'expérience, ils sentiront que la facilité de ne pas payer leur étoit onéreuse, & qu'ils ne trouvoient du crédit qu'en l'achetant à un prix qui balançât le risque de leur prêter.

Les tempéramens qui pouvoient convenir au premier âge des colonies, seroient de nos jours une foiblesse impardonnable. Jamais ces établissemens ne prospéreront convenablement que les moyens d'exploitation ne se multiplient, & ils ne se multiplieront que lorsque le créancier pourra prendre une confiance entière en son débiteur. Renversez le système favorable à l'impéritie, à la témérité, à la mauvaise foi : bientôt tout changera de face. Le négociant de l'Europe qui ne fait aujourd'hui qu'en tremblant de foibles avances au cultivateur de l'Amérique, ne verra pas un meilleur emploi de ses capitaux. Avec de plus grands secours, il se formera d'autres plantations. Les anciennes acquerront une valeur nouvelle. Les isles Françoises atteindront enfin au degré de fortune où la richesse de leur sol les appelle vainement depuis si long-tems. Si, malgré les progrès des connoissances, la cour de Versailles n'imaginoit pas une législation plus savante & plus parfaite que celle qui est établie dans les possessions Angloises & Hollandoises, il ne faudroit pas balancer à l'adopter. Déja les trois puissances ont d'autres traits de conformité dans leurs principes. Elles ont également concentré les liaisons de leurs établissemens du Nouveau-Monde dans la métropole.

<small>LV. La métropole, en obligeant ses isles à ne livrer qu'à elle leurs productions, en a-t-elle suffisamment assuré l'extraction?</small>

Toutes les colonies n'ont pas eu une même origine. Les premières dûrent leur naissance à l'inquiétude de quelques hordes de barbares, qui, après avoir long-tems erré dans des contrées désertes, se fixoient enfin par lassitude dans un pays où ils formoient une nation. D'autres peuples, chassés de leur territoire par un ennemi puissant, ou attirés par quelque hasard dans un sol préférable à celui de leurs pères, se transplantèrent sous un nouveau ciel, & y partagèrent les terres avec les premiers habitans de ce climat étranger. L'excès de la population, l'horreur pour la tyrannie, des factions, des révolutions, déterminèrent des citoyens à quitter leur patrie, pour aller bâtir ailleurs de nouvelles cités. L'esprit de conquête fit établir une partie des soldats vainqueurs dans des états subjugués, pour s'en assurer la propriété. Aucune de ces colonies n'eût pour objet le commerce. Celles même que fondèrent Tyr, Carthage, Marseille, républiques commerçantes, n'étoient que des retraites nécessaires sur des côtes barbares, & des entrepôts, où les vaisseaux partis de différens ports, & fatigués d'une longue navigation, faisoient réciproquement leurs échanges.

La conquête de l'Amérique a donné l'idée d'une nouvelle espèce d'établissement, qui a pour base l'agriculture. Les gouvernemens, fondateurs de ces colonies, ont voulu que ceux de leurs sujets qu'ils y transportoient, ne pussent consommer que les marchandises que leur fourniroit la métropole, ne pussent vendre qu'à la métropole les productions des terres qu'on leur accordoit. Cette double obligation a paru de droit naturel à toutes les nations, indépendante des conventions, & née de la chose même. Elles n'ont pas regardé une communication exclusive avec leurs colonies, comme un dédommagement exceſſif des dépenſes faites pour les former, à faire pour les conſerver. Tel a toujours été le ſyſtème de l'Europe à l'égard de l'Amérique.

La France comme les autres nations, voulut toujours que ſes établiſſemens du Nouveau-Monde lui envoyaſſent tous les produits de leur culture, reçuſſent d'elle tous leurs approviſionnemens. Mais dans l'état actuel des choſes, cet arrangement eſt-il praticable ?

Ses iſles ont beſoin de farines, de vins, d'huiles, de toiles, d'étoffes, de meubles, de tout ce qui peut contribuer à rendre la vie agréable. Elles doivent recevoir tous ces objets de la métropole qui, même dans le ſyſtème d'une liberté indéfinie, les vendroit excluſivement, à l'exception des farines que l'Amérique Septentrionale pourroit donner à meilleur marché.

Mais il faut auſſi à ces poſſeſſions des noirs pour leurs travaux. La métropole n'a fourni juſqu'ici que très-imparfaitement à ce grand beſoin. On doit donc ſe réſoudre à recourir aux Anglois, ſeuls en état de remplir le vuide. L'unique précaution qu'il conviendroit de prendre, ce feroit d'établir peut-être fur les fecours qu'on recevroit de ces rivaux, un impôt qui les privât de l'avantage que des circonftances particulières leur donnent fur les négocians François.

Enfin dans l'état où font ces colonies, les beftiaux, le poiffon falé, les bois étrangers font devenus pour elles d'une néceffité abfolue. On doit regarder comme impoffible de les leur porter d'Europe. Ce n'eft que de la Nouvelle-Angleterre qu'elles peuvent obtenir ces moyens effentiels à l'exploitation de leurs plantations.

La contrebande plus ou moins tolérée, a été jufqu'ici la reffource des colons. Cette voie eft trop chère, malhonnête & infuffifante. Il eft tems que les loix prohibitives plient fous l'impérieufe loi de la néceffité. Que le gouvernement indique les ports où feront reçues les productions étrangères ; qu'il règle les denrées qu'on pourra livrer en échange ; que des inftitutions fages donnent de la confiftance à cet arrangement : & l'on verra fortir de ce nouvel ordre de chofes des avantages qui ne feront fuivis d'aucun inconvénient. Il fut fait un effai de ce fystême en 1765. Si l'on abandonna un si heureux plan, ce fut par une suite de cette fatale instabilité qui, depuis si long-tems, décrie les opérations maritimes de la France. On le reprendra donc, & l'on assurera en même tems aux colonies le débouché de toutes leurs productions.

Ces établissemens offrent chaque année à la métropole, leur consommation prélevée, cent mille barriques de sirop, dont la valeur peut être de neuf à dix millions. Par un intérêt mal entendu, elle les a privées; elle s'est privée elle-même de ce bénéfice, dans la crainte de nuire au débit de ses propres eaux-de-vie. Celles de sucre toujours au-dessous de celles de vin, ne peuvent être que la boisson des peuples pauvres, ou même des gens les moins aisés chez les nations riches. Elles n'obtiendront la préférence que sur celles de grain que la France ne distille pas. Les siennes auront toujours pour consommateurs, même dans les isles, la classe d'hommes assez aisée pour les payer. Le gouvernement ne pourroit donc revenir trop tôt d'une erreur également injuste & funeste, ni recevoir trop tôt dans ses ports les ſirops & les taffias, pour y être conſommés ou pour être envoyés où le beſoin les appellera. Rien n'en étendroit davantage la conſommation, que d'autoriſer les navigateurs François à les porter directement dans les marchés étrangers. Cette faveur devroit même s'étendre à toutes les denrées des colonies. Comme une opinion qui choquera tant d'intérêts, tant de préjugés, pourroit être conteſtée, il convient de la fonder ſur des principes développés.

Les iſles Françoiſes fourniſſent à leur métropole, des ſucres, du café, du coton, de l'indigo, d'autres denrées, dont elle conſomme une partie, & verſe l'autre chez l'étranger, qui lui donne en échange de l'argent ou d'autres marchandiſes dont elle a beſoin. Ces mêmes iſles reçoivent à leur tour de la métropole des vêtemens, des ſubſiſtances, des inſtrumens de culture. Telle eſt la double deſtination des colonies. Pour qu'elles puiſſent la remplir, il faut qu'elles ſoient riches. Pour qu'elles ſoient riches, il faut qu'elles obtiennent une grande abondance de productions, & qu'elles en aient le débit au meilleur prix poſſible. Pour que ce débit porte ces productions au plus haut prix, il faut qu'il foit le plus grand poffible. Pour qu'il puiffe être le plus grand poffible, il faut qu'il jouiffe de la plus grande liberté poffible. Pour qu'il jouiffe de la plus grande liberté poffible, il faut que cette liberté ne foit grevée d'aucunes formalités, d'aucunes dépenfes, d'aucuns travaux, d'aucunes charges inutiles. Ces vérités démontrées par leur intime liaifon, doivent décider s'il eft avantageux que les productions des colonies foient affujetties aux lenteurs, aux dépenfes d'un entrepôt en France.

Il faudra néceffairement que ces frais intermédiaires retombent fur le confommateur ou fur le cultivateur. Si le premier les paie, il confommera moins, parce que fes facultés n'augmentent pas en raifon de l'augmentation des frais. Si c'eft le fecond, recevant un moindre prix de fes denrées, il rendra moins d'avances à la terre, & n'en tirera plus autant de reproductions. Le progrès évident de ces conféquences deftructives, n'empêche pas qu'on n'entende dire tous les jours avec affurance, que les marchandifes doivent, avant d'être confommées, faire beaucoup de frais

de

de main-d'œuvre & de tranſport; que ces frais occupant & nourriſſant bien du monde, contribuent à ſoutenir la population, & à augmenter les forces d'un état. On eſt ſi aveuglé par le préjugé, qu'on ne voit pas, que s'il eſt avantageux que les denrées avant d'être conſommées faſſent des frais comme deux, il ſera plus avantageux qu'elles en faſſent comme quatre, comme huit, comme douze, comme trente, pour la plus grande proſpérité nationale. Dès-lors tous les peuples doivent rompre les chemins, combler les canaux, interdire la navigation des rivieres, bannir même les animaux de la culture, & n'y employer que des hommes, afin d'ajouter un ſurcroît de frais aux frais qui déja précèdent la conſommation. Voilà pourtant toutes les abſurdités qu'il faut dévorer, quand on s'engage dans le faux principe qui vient d'être combattu.

Mais les queſtions d'économie politique veulent être long-tems agitées, avant d'être éclaircies. J'avancerai ſans crainte d'être contredit, que la géométrie tranſcendante n'a ni la profondeur, ni la ſubtilité de cette eſpece d'arithmétique. Il n'y a rien de poſ-

V

sible en mathématique, dont le génie de Newton ou de quelques-uns de ses successeurs n'ait pu se promettre de venir à bout. Je n'en dirai pas autant d'eux, dans les matières qui nous occupent. On croit, au premier coup-d'œil, n'avoir qu'une difficulté à résoudre : mais bientôt cette difficulté en entraîne une autre, celle-ci une troisieme, & ainsi de suite jusqu'à l'infini ; & l'on s'apperçoit qu'il faut ou renoncer au travail, ou embrasser à la fois le système immense de l'ordre social, sous peine de n'obtenir qu'un résultat incomplet & défectueux. Les données & le calcul varient selon la nature du local, ses productions, son numéraire, ses ressources, ses liaisons, ses loix, ses usages, son goût, son commerce & ses mœurs. Quel est l'homme assez instruit pour saisir tous ces élémens ? Quel est l'esprit assez juste pour ne les apprécier que ce qu'ils valent ? Toutes les connoissances des différentes branches de la société ne sont que les branches de l'arbre qui constitue la science de l'homme public. Il est ecclésiastique ; il est militaire ; il est magistrat ; il est financier ; il est commerçant ; il est agriculteur. Il a pesé les avantages &

les obstacles auxquels il doit s'attendre des passions, des rivalités, des intérêts particuliers. Avec toutes les lumieres qu'on peut acquérir sans génie ; avec tout le génie qu'on peut avoir reçu sans lumieres, il ne fait que des fautes. Après cela est-il étonnant que tant d'erreurs se soient accréditées parmi le peuple qui ne répète jamais que ce qu'il a entendu ; parmi les spéculateurs qui se laissent entraîner par l'esprit systématique, & qui ne balancent pas à conclure une vérité générale de quelques succès particuliers; parmi les hommes d'affaires, tous plus ou moins asservis à la routine de leurs prédécesseurs, & plus ou moins retenus par les suites ruineuses d'une tentative hors d'usage ; parmi les hommes d'état que la naissance ou la protection conduisent aux places importantes où ils ne portent qu'une profonde ignorance qui les abandonne à la discrétion de subalternes corrompus qui les trompent ou qui les égarent. Dans toute société bien ordonnée, il ne doit y avoir aucune matiere sur laquelle on ne puisse librement s'exercer. Plus elle est grave & difficile, plus il est important qu'elle soit discutée. Or en est-il de plus importantes ou de plus compliquées que celles de gouvernement ? Qu'auroit donc de mieux à faire une cour qui aimeroit la vérité, que d'encourager tous les esprits à s'en occuper ? Et quel jugement feroit-on autorisé à porter de celle qui en interdiroit l'étude, si ce n'est ou la méfiance de ses opérations, ou la certitude qu'elles sont mauvaises ? Le vrai résumé d'un édit prohibitif sur ce grand objet, ne feroit-il pas ? LE SOUVERAIN DÉFEND QU'ON LUI DÉMONTRE QUE SON MINISTRE EST UN IMBÉCILLE OU UN FRIPON, CAR TELLE EST SA VOLONTÉ QU'IL SOIT L'UN OU L'AUTRE, SANS QU'ON Y FASSE AUCUNE ATTENTION. Le conseil de Versailles long-tems aveuglé par les ténèbres où il laissoit dormir sa nation, n'a pas encore pu s'éclairer sur l'administration qui convenoit le mieux à ses colonies. Il ne sait pas encore quel est le gouvernement le plus propre à les faire prospérer.

LVI. *L'autorité aux isles Françoises est-elle dans les mains les plus propres à les faire prospérer ?* Les colonies Françoises établies par des hommes sans aveu, qui fuyoient le frein ou le glaive des loix, sembloient dans l'origine, n'avoir besoin que d'une police sévère. On les confia donc à des chefs, dont l'autorité étoit illimitée. L'esprit d'intrigue naturel à toutes les cours, mais plus familier chez une nation où la galanterie donne aux femmes un afcendant univerfel, fit de tout tems, parvenir aux grandes places en Amérique, des hommes fans mœurs, chargés de dettes & de vices. Le miniftere, par un refte de pudeur, craignant de les élever fur le théâtre même de leur déshonneur, les envoya réparer ou cimenter leur fortune au-delà des mers, où leurs défordres n'étoient pas connus. Une compaffion mal entendue, une fauffe maxime de cour, qui fuppofe la fourberie néceffaire & les fripons utiles, fit facrifier de fang-froid à des brigands dignes des prifons, la tranquillité des cultivateurs, la fûreté des colonies, l'intérêt même de l'état. Ces miniftres de rapines & de débauches, étoufferent les germes du bien, & retarderent la profpérité qui naiffoit d'elle-même.

La puiffance abfolue porte dans fa nature un poifon fi fubtil, que les defpotes même qui s'embarquoient pour l'Amérique avec des vues honnêtes, ne tardoient pas à s'y corrompre. Quand l'ambition, l'avarice ou l'orgueil ne les auroient pas entamés, pouvoient-ils réfifter à la flatterie, qui ne manque jamais d'élever sa bassesse sur la servitude générale, & d'avancer sa fortune dans les maux publics ?

Le peu de gouverneurs, qui échapperent à la corruption, n'ayant aucun point d'appui dans une administration sans limites, passoient continuellement d'une erreur à l'autre. Ce ne sont pas des hommes qui doivent gouverner les hommes, c'est la loi. Otez aux administrateurs cette mesure commune, cette règle de leurs jugemens; il n'y aura plus de droit, plus de sûreté, ni de liberté civile. Dès-lors on ne verra qu'une foule de décisions contradictoires; que des réglemens passagers qui s'entre-choqueront; que des ordres qui, faute de maximes fondamentales, n'auront aucune liaison entre eux. Si l'on déchiroit le corps des loix, dans l'empire même le mieux constitué par sa nature, on verroit bientôt que ce ne seroit pas assez d'être juste, pour le bien conduire. La sagesse des meilleures têtes n'y suffiroit pas. Comme elles n'auroient pas toutes le même esprit, & que l'esprit de chacune ne seroit pas toujours dans la même situation, l'état ne tarderoit pas à être bouleversé. Cette espece de cahos fut continuel dans les colonies Françoises; & d'autant plus grand, que les chefs ne faisoient qu'y paroître, pour ainsi dire, & en étoient rappellés avant d'avoir rien vu par eux-mêmes. Après avoir marchés trois ans sans guide, dans un pays nouveau, sur des plans informes de police & de loix, ces administrateurs étoient remplacés par d'autres, qui, dans un terme aussi court, n'avoient pas le tems de former des liens avec les peuples qu'ils devoient conduire, ni de mûrir assez leurs projets, pour leur donner ce caractere de justice & de douceur, qui en assure l'exécution. Ce défaut de regle & d'expérience, intimidoit si fort un de ces magistrats absolus, que, par délicatesse, il n'osoit prononcer sur les choses les plus communes. Ce n'est pas qu'il ne sentît les inconvéniens de son indécision : mais tout éclairé qu'il étoit, il ne se croyoit pas les lumieres d'un législateur, & il ne vouloit pas en usurper l'autorité.

Cependant il étoit aisé de tarir la source de ces désordres, en mettant à la place du gouvernement militaire, violent en lui-même, & fait pour des tems de crise & de péril, une législation modérée, fixe & indépendante des volontés particulieres. Mais ce projet, mille fois propofé, déplut aux gouverneurs, jaloux d'un pouvoir abfolu, qui, redoutable en lui-même, eft toujours plus odieux dans un fujet. Ces efclaves, échappés à la tyrannie fecrète de la cour, n'aimoient rien tant que cette juftice Afiatique, dont ils épouvantoient jufqu'à leurs créatures. La réforme fut même rejettée par des gouverneurs qui, d'ailleurs vertueux, ne voulurent pas voir, qu'en fe réfervant le droit de faire le bien, ils laiffoient à leurs fucceffeurs la facilité de faire le mal impunément. Tous fe déclarerent hautement contre un plan de légiflation qui avoit pour but de diminuer la dépendance des peuples : & la cour eut la foibleffe de céder à leurs infinuations ou à leurs confeils, par une fuite de cette pente que les princes & leurs mi-niftres ont naturellement vers le pouvoir arbitraire. Elle crut faire affez pour fes colonies, en leur donnant un intendant qui devoit balancer le commandant.

Ces établiffemens éloignés, qui, jufqu'à ce moment, avoient gémi fous le joug d'un feul, fe virent alors en proie à deux pouvoirs, également dangereux, & par leur divifion

& par leur union. Lorsqu'ils se choquoient, ils partageoient les esprits, ils semoient la discorde entre les partisans, ils allumoient une espèce de guerre civile. Le bruit de leurs discussions rétentissoit jusqu'en Europe, où chacun d'eux avoit ses protecteurs, animés par l'orgueil ou par l'intérêt à les maintenir dans leur place. Lorsqu'ils étoient d'accotd, ou parce que leurs vues bonnes ou mauvaises se trouvoient les mêmes, ou parce que l'un prenoit un ascendant décidé sur l'autre, la condition des colons devenoit encore plus fâcheuse. Quelle que fût l'oppression de ces victimes, leurs cris n'étoient jamais écoutés par la métropole, qui regardoit l'harmonie de ses délégués, comme la preuve la plus décisive d'une administration parfaite.

Le sort des colonies Françoises n'a que peu changé. Leurs gouverneurs, outre la disposition des troupes réglées, ont le droit d'en régimenter les habitans, de leur prescrire les manœuvres qu'ils jugent à propos, de les occuper comme il leur plaît pendant la guerre, de s'en servir même pour conquérir. Dépositaires d'un pouvoir absolu, libres & jaloux de s'en arroger toutes les fonctions qui peuvent l'étendre ou l'exercer, ils font dans l'ufage de connoître des dettes civiles. Le débiteur eft mandé, condamné à la prifon ou au cachot, & forcé de payer, fans d'autres formalités : c'eft ce qu'on appelle le fervice ou le département militaire. Les intendans décident feuls de l'emploi des finances, & en règlent pour l'ordinaire le recouvrement. Ils appellent trop fouvent devant eux les affaires civiles ou criminelles; foit que la juftice n'en ait pas encore pris connoiffance, foit qu'elles aient été déja portées aux tribunaux même fupérieurs : c'eft ce qu'on appelle *adminiftration*. Les gouverneurs & les intendans accordent en commun les terres qui n'ont pas été données, & jugeoient, il n'y a que peu d'années, de tous les différends qui s'élevoient au fujet des anciennes poffeffions. Cet arrangement mettoit dans leurs mains, dans celles de leurs commis ou de leurs créatures, la fortune de tous les colons; & dès-lors rendoit précaire le fort de toutes les propriétés. On ne fauroit imaginer un plus grand défordre.

Dans la méchanique, plus les puiffances réfiftantes font éloignées du centre, plus les forces motrices doivent être augmentées : de même, a-t-on dit, on ne peut s'assurer des colonies que par un gouvernement violent & absolu. S'il en est ainsi, le chevalier Petty n'aura pas eu tort de désapprouver ces sortes d'établissemens. Il vaut mieux que la terre reste dépeuplée, ou peu habitée, que de voir quelques puissances s'étendre pour le malheur des peuples. C'est à la France de combattre le système d'un Anglois contre les colonies, en s'éclairant de plus en plus sur la manière de les gouverner. L'esprit de lumière qui caractérise ce siècle, quoi qu'en disent ceux qui attribuent au mépris de certains préjugés les vices inséparables du luxe ; à la liberté de penser & d'écrire, les mauvaises mœurs, qui viennent des passions des grands & des abus du pouvoir : cet esprit de lumière, qui nous soutient & nous guide encore, quand la morale croule sur des fondemens ruineux, ramènera la cour de Versailles aux bons principes, que nous-mêmes nous avons si souvent ramenés sous ses yeux. Si quelqu'un s'en est offensé, interrogez-le, & vous trouverez que c'est un vil flatteur des grands, ou quelque personnage subalterne, attaché par état ou par intérêt à l'administration, dont il est le panégyriſte. Prononcez qu'il ignore le devoir de tout citoyen envers la patrie. Quoi! je ferois le complice d'un ſcélérat, ſi je ne criois pas, lorſque je lui verrois jetter une torche allumée dans la maiſon d'un concitoyen; & mon ſilence feroit innocent, lorſque ſous mes yeux on menaceroit d'incendier l'empire! Le ſujet fidèle; ce n'eſt pas celui qui aveugle le ſouverain ſur les périls de ſa ſituation : c'eſt celui qui l'en inſtruit avec franchiſe, au riſque de s'attirer ſon indignation. Mais au lieu de vous adreſſer au public, que ne vous adreſſez-vous, dit-on, à l'oreille de ceux qui gouvernent? Eſt-ce qu'on en approche? eſt-ce qu'on en eſt écouté? eſt-ce qu'ils croient ignorer quelque choſe? eſt-ce qu'ils jugent par eux-mêmes ? eſt-ce que les ſpéculations les plus importantes ne feroient pas renvoyées dans des bureaux & ſoumiſes à la déciſion d'un commis, qui ne manqueroit pas de les improuver, ou par ignorance, ou par vanité, ou par quelque autre motif moins ſecret & plus vil ? Quand ma voix feroit appuyée de cent mille autres voix, il eſt incertain qu'elle ſe fît entendre. Laiſſez-moi donc parler. Laiſſez-moi dire à ma nation ce qui peut élever ſes établiſſemens du Nouveau-Monde au degré de proſpérité, au degré de bonheur dont ils ſont ſuſceptibles.

On ne trouvera que peu de changemens à faire dans ce qui concerne le culte public. Il a été ſubordonné, autant qu'il étoit poſſible, à l'autorité civile. Ses miniſtres ſont des moines, dont l'extérieur compoſé, l'habillement bizarre, font plus d'impreſſion ſur des nègres bornés & ſuperſtitieux, qu'on ne pourroit l'attendre de la ſublime morale de la religion. L'attrait de la nouveauté, ſi puiſſant en France, avoit inſpiré, il n'y a que peu d'années, le projet de ſubſtituer à ces paſteurs commodes des évêques & un clergé nombreux. En vain tous les eſprits s'étoient réunis, pour repouſſer un corps redoutable par ſon ambition, par ſon avarice & ſes prétentions. Sans la chûte du miniſtre inquiet & mal habile qui avoit formé ce plan deſtructeur, les iſles Françoiſes alloient être tourmentées par une calamité plus fâcheuſe encore, que celle qu'elles éprouvent depuis ſi long-tems du côté de la juſtice.

LVII. Changemens qu'il conviendroit de faire dans l'adminiſtration des iſles Françoiſes.

Un haſard, heureux ou malheureux, fonda ces grands établiſſemens, un peu avant le milieu du dernier fiècle. On n'avoit alors aucune idée arrêtée fur les contrées du Nouveau-Monde. Il arriva de-là qu'on choifit pour les conduire la coutume de Paris & les loix criminelles du royaume. Les gens fages ont bien compris depuis qu'une pareille jurifprudence ne pouvoit pas convenir à un pays d'efclavage & à un climat, à des mœurs, à des cultures, à des poffeffions, qui n'ont aucune reffemblance avec les nôtres : mais ces réflexions de quelques particuliers n'ont eu aucune influence fur l'action du gouvernement. Loin de corriger ce que ces premieres inftitutions avoient de vicieux, il a ajouté à l'abfurdité des principes l'embarras, la confufion, la multiplicité des formes. Auffi la juftice n'a-t elle pas été rendue.

Il en fera ainfi, jufqu'à ce qu'une légiflation particuliere aux iflés, rende poffibles, faciles même les décifions : mais cet ouvrage important ne fauroit être fait en France. Laiffez aux colons affemblés le foin de vous éclairer fur leurs befoins. Qu'ils forment eux-mêmes le code qu'ils penferont convenir à leur fituation. Lorfque ce grand travail aura été exécuté avec la maturité convenable, il fera livré aux difcuffions les plus profondes & les plus févères. La fanction du gouvernement ne lui fera accordée que lorfque l'on n'aura pas le moindre doute fur fon utilité, fur fa perfection. Ne craignez pas alors de manquer de bons magiftrats. Les loix feront fi précifes, fi claires, fi bien adaptées aux affaires, que les tribunaux ne pourront plus être accufés d'ignorance, d'inapplication, ou de mauvaife foi.

De ce nouvel ordre de chofes, fortira une police exacte. Ce moyen de contenir les citoyens dans la règle eft facile en Europe. Le père fait la fonction de cenfeur dans fa famille : il furveille fa femme, fes enfans, fes domeftiques. Le propriétaire ou le principal locataire exerce la même magiftrature dans fa maifon; le manufacturier ou l'artifan, dans fa boutique ou fon attelier. Le voifin eft une efpèce d'infpecteur de fon voifin. Les corps, jaloux de leur bonheur, ont fans ceffe les yeux ouverts fur la conduite & les actions des membres qui les compofent; on n'y reçoit point un homme mal famé; on en chaffe celui qui fe déshonore. L'homme dangereux eft bientôt connu, & trouve les portes fermées. L'honneur a son tribunal & la médifance a le sien. Les mœurs exercent une espèce de justice que personne ne peut décliner. Qui est-ce qui n'est pas plus ou moins retenu par le jugement public? Toutes ces sortes d'autorités abrègent les fonctions du gouvernement. L'Amérique, remplie d'individus isolés, sans patrie, sans parens, qui se déplacent continuellement, qui se renouvellent sans cesse, & que la soif des richesses pousse toujours aux entreprises les plus hardies: l'Amérique exige une surveillance plus active, plus suivie & plus détaillée.

Cependant un officier, qui, sous le nom de lieutenant du roi, résidoit dans un port ou dans une bourgade, fut seul chargé pendant long-tems, dans les isles Françoises, de ce soin important. C'étoit un petit tyran, qui vexoit les cultivateurs, qui rançonnoit le commerce, & qui aimoit mieux vendre un pardon, que prévenir des fautes. Depuis quelques années, les commandans des milices de chaque quartier sont chargés, sous l'inspection du chef de la colonie, du maintien de la tranquillité publique. Ce nouvel arrangement est moins vicieux que l'ancien: mais

il

il eſt encore trop arbitraire. Il eſt doux d'eſpérer que le même code, qui mettra la fortune des particuliers fous la protection des
loix, y mettra auſſi leur liberté.

A cette époque, le commerce fera mieux
réglé qu'il ne l'a été. Les négocians de France
ne vont pas eux-mêmes aux iſles. Ils y envoient des cargaiſons plus ou moins riches.
Celles qui n'ont que peu de valeur, font ordinairement diſtribuées au comptant par les
capitaines des navires. Les plus importantes,
telles que celles des eſclaves, font généralement livrées à crédit; & ce font des commiſ-
ſionnaires fixés dans ces établiſſemens, qui
font chargés des recouvremens. Le paiement
ſe fait rarement aux échéances convenues ;
& ce manquement de foi a toujours diviſé les
colonies & la métropole. Le miniſtère cherche
depuis long-tems un terme à ces diſcordes éternelles. Ne pourroit-on pas établir dans chaque
juriſdiction un regiſtre où toutes les dettes ſeroient inſcrites, dans l'ordre où elles auroient
été contractées ? Lorſqu'au jugement des ex-
perts, le fonds de l'habitation ſe trouveroit
grevée de plus de la moitié de ſa valeur, chaque créancier auroit le droit de la faire vendre.

X

Cet arrangement, quoique fage, quoique néceffaire, déplairoit fûrement aux colons : mais ils fe confoleroient de ce qu'ils auroient d'abord regardé comme une infortune, fi cette rigueur étoit tempérée par une meilleure adminiftration des finances. Le gouvernement eût la dureté de demander, dès l'origine, des tributs à des malheureux qui avoient été chercher leur fubfiftance dans un Nouveau-Monde. On exigea d'eux de plus fortes contributions, à mefure que leurs travaux & les fruits de leurs travaux fe multiplioient. Cependant l'énorme fardeau, dont leurs denrées, leurs confommations, leurs efclaves font furchargés, excitent à peine quelques foibles réclamations. Les plaintes portent généralement fur la manière tyrannique dont le revenu public eft perçu, fur les ufages pernicieux auxquels il eft deftiné. Le fifc fe dit ou fe croit accablé par les dépenfes qu'exige la confervation des ifles. Elles offrent de fournir abondamment à tous ces frais, pourvu que ce foient les affemblées nationales qui ordonnent les impôts, pourvu qu'elles en aient la difpofition. Alors les troupes feront plus réguliérement payées, & les fortifications mieux entretenues, sous l'inspection du gouvernement lui-même. Débarrassées de cette foule d'officiers, qui, sous le nom d'états-majors, les épuisent; de ces légions de traitans avides qui les pressurent sans fin & sans mesure, les colonies s'occuperont de leur amélioration. Il s'ouvrira des voies commodes de tous les côtés. Les marais seront desséchés. On creusera un lit aux torrens; celui des rivières sera redressé; & l'on construira des ponts qui assureront les communications. Les jeunes créoles recevront sur leur propre sol une instruction convenable, qu'ils ne trouvoient pas même en passant les mers. Enfin, il y aura un corps autorisé à poursuivre jusqu'au pied du trône cette rage despotique qui saisit le plus souvent les hommes vains ou corrompus, choisis par l'intrigue ou par l'ignorance pour conduire ces régions lointaines.

Rien ne paroît plus conforme aux vues d'une politique judicieuse, que d'accorder à ces insulaires le droit de se gouverner eux-mêmes, mais d'une manière subordonnée à l'impulsion de la métropole, à-peu-près comme une chaloupe obéit à toutes les directions du vaisseau qui la remorque. Peut-être dira-t-on que le peuple fe renouvellant fans ceffe dans ces ifles éloignées, par l'inftabilité que le commerce y donne aux richeffes, cette fermentation y jette beaucoup d'écume; & qu'on n'y verra que bien tard affez de mœurs & de lumières pour y faire naître cet efprit de patrie & ce ton de gravité qui foutiennent dignement le poids des affaires & les intérêts d'une nation. Cette objection fembleroit fondée, fi l'on ne confultoit que le caractere des Européens; pouffés en Amérique par leurs befoins ou par leurs vices; devenus par ces tranfplantations volontaires ou forcées, étrangers par-tout; ordinairement corrompus par le défaut de loix que remplace mal une police arbitraire, par ce goût dépravé de domination qui réfulte de l'abus de l'efclavage, par l'éclat d'une grande fortune qui leur fait oublier leur première obfcurité. Mais cette claffe d'hommes expatriés ne devroit point avoir d'influence dans une adminiftration qu'on laifferoit aux propriétaires, nés la plupart dans les colonies: puifque la juftice fuit naturellement la propriété, & que perfonne n'a plus d'intérêt & de droit au bon gouvernement d'un pays que ceux à qui la naiffance y donne de plus grandes poffeffions. Ces créoles qui naturellement ont de la pénétration, de la franchife, de l'élévation, un certain amour de la juftice qui naît de ces belles qualités, touchés des marques d'eftime & de confiance que leur donneroit la métropole, en les chargeant du foin de régler l'intérieur de leur patrie, s'attacheroient à ce fol fertile, fe feroient une gloire, un bonheur de l'embellir, & d'y créer toutes les douceurs d'une fociété civilifée. Au lieu de cet éloignement pour la France, dont le reproche eft une accufation de dureté contre fes miniftres, on verroit naitre dans les colonies cet attachement que la confiance paternelle infpire toujours à des enfans. Au lieu de cet empreffement fecret qui les fait courir durant la guerre au-devant d'un joug étranger, on les verroit multiplier leurs efforts pour prévenir ou pour repouffer une invafion. Si la crainte retient les hommes fous les yeux d'un maître puiffant & terrible, il n'y a que l'amour qui puiffe leur commander au loin. C'eft le feul reffort peut-être qui agiffe dans les provinces frontières d'un grand état, quand la molleffe & la cupidité fe taifent dans la capitale devant l'autorité qui menace. L'amour eft un fentiment qu'on ne sauroit trop ménager, trop étendre. Mais si le prince ne sait ni le mériter, ni le rendre, on ne le lui prodiguera pas long-tems. Alors plus de joie dans les fêtes publiques, plus de transports dans les réjouissances, plus de ces cris involontaires qui échappent à la vue de l'idole adorée. La curiosité mène & presse la foule à tout ce qui fait spectacle : mais le contentement n'y brille plus dans les regards. Une inquiétude morne s'empare des esprits. Elle se communique d'une province à l'autre, & de la métropole dans les colonies. Toutes les fortunes frappées ou menacées à la fois, sont dans l'alarme & le mouvement. Des coups d'autorité multipliés par la précipitation qui les hasarde, blessent tous les cœurs, & tombent successivement sur tous les corps. Du fond même de l'Amérique, sont traduits en criminels dans les prisons de l'Europe, les vengeurs du crime & les défenseurs des droits des colons. Les armes qui sembloient émoussées devant l'ennemi, s'aiguisent contre ces sujets précieux à l'état. On va épouvanter dans la paix ceux même qu'on n'a pas su défendre durant la guerre. Non, jamais le ministère de France n'a donné à ses possessions du Nouveau-Monde l'appui nécessaire pour les préserver des ravages ou de l'invasion, & jamais il ne remplira cette obligation, à moins qu'il ne multiplie dans l'ancien ses arsenaux, ses atteliers & ses escadres. Philosophes de tous les pays, amis des hommes, pardonnez à un écrivain François d'exciter sa patrie à élever une marine formidable. C'est pour le repos de la terre qu'il fait des vœux, en souhaitant de voir établir sur toutes les mers l'équilibre qui fait aujourd'hui la sûreté du continent.

LVIII. La France peut-elle avoir une marine militaire ? Lui convient-il de l'avoir ? Mesures qu'elle doit prendre pour l'avoir.

Douteroit-on que la France pût aspirer à ce genre de puissance ? Voyez sa position. Assez vaste pour n'être dépendante d'aucune des puissances qui l'environnent ; assez heureusement limitée pour n'être pas affoiblie par sa grandeur, cette monarchie est située au centre de l'Europe entre l'océan & la méditerranée. Elle peut transporter toutes ses productions d'une mer à l'autre, sans passer sous le canon menaçant de Gibraltar, sous le pavillon insultant des Barbaresques. Ses provinces sont la plupart arrosées par des rivières ou coupées par des canaux qui assurent la communication de ses terres centrales avec ses ports, de ses ports avec ses terres centrales. Un heureux hasard lui a donné des voisins qui ne savent pas fournir à leur subsistance, ou qui n'ont qu'un commerce purement passif. La température de son climat lui procure l'avantage inestimable d'expédier & de recevoir ses navires dans toutes les saisons. Elle doit à la profondeur de ses rades de donner à ses vaisseaux la forme la plus propre à la célérité, à la sûreté.

La France manqueroit-elle d'objets & de matières à exporter. Tous les peuples se disputent ses productions de l'ancien & du Nouveau-Monde : mais c'est encore plus par ses manufactures & par ses modes qu'elle a subjugué l'Europe & quelques parties de l'autre hémisphère. Les nations sont fascinées & n'en reviendront point. Les efforts qu'on a faits partout pour s'affranchir d'un tribut ruineux, en copiant cette industrie étrangère, n'ont eu nulle part le succès qu'on en attendoit. La fécondité de l'invention dévancera toujours la promptitude de l'imitation ; & la légéreté d'un peuple qui rajeunit tout dans ses mains, qui vieillit tout chez ses voisins, trompera la jalousie & l'avidité de ceux qui voudront la surprendre en la contrefaisant. Quelle pourroit être la navigation d'un empire qui fournit aux autres états les alimens de leur vanité, de leur luxe, de leur volupté?

La population de la France feroit-elle jugée infuffifante pour des armemens nombreux? Qui peut ignorer aujourd'hui que cette puiffance compte vingt-deux millions d'habitans? Le reproche qu'on lui fait d'avoir fur chaque navire plus de matelots que fes rivaux, ne prouve-t-il pas lui feul que, dans cet état, ce ne font pas les hommes qui manquent à l'art, mais que c'eft l'art qui manque aux hommes? Cependant, quel peuple a reçu de la nature plus de cette vivacité de génie qui doit perfectionner la conftruction des vaiffeaux, plus de cette dextérité de corps qui peut économifer le tems & les frais de la manœuvre par la fimplicité, par la célérité des moyens?

La France feroit-elle réduite à l'impuiffance d'avoir une marine, parce qu'elle ne trouveroit pas dans fon fein toutes les munitions navales? Mais fes rivaux ne font-ils pas obligés comme elle, & plus qu'elle, à demander des fecours au nord de l'Europe? Leur climat, leur induftrie & leurs colonies leur donnent-ils les mêmes facilités pour confommer leurs échanges avec la mer Baltique?

La France a donc tous les moyens convenables pour être une puissance vraiment maritime. Mais lui convient-il d'avoir cette ambition ?

On ne connut long-tems que des armées nombreuses & aguerries pour arriver à la fortune & à la gloire. Les deux Indes furent découvertes; & cet événement imprévu fit une révolution étonnante dans tous les esprits. Peût-être une ambition raisonnable se seroit-elle bornée à obtenir par des échanges les richesses & les productions de ces deux grandes parties du globe. L'amour de la domination, trop ordinaire aux nations, fit préférer généralement le système ruineux & destructeur des conquêtes. Ces immenses contrées furent la plupart asservies. On alla plus loin. Les hommes qui habitoient ces nouveaux climats étoient ou trop foibles, ou trop indolens, pour servir d'instrumens à la cupidité d'un ravisseur injuste. En plusieurs endroits, ils furent exterminés ou chassés des campagnes qui les avoient vu naître & remplacés par des Européens, par des esclaves Africains, qui multiplièrent les denrées dont ils avoient trouvé le germe, qui établirent d'autres cultures auxquelles se prètoit aisément un sol neuf, fécond & varié.

Il falloit donner de la ſtabilité à ces établiſ-ſemens. On pouvoit craindre, & l'inquiétude des nations qui étoient entrées en partage de ces régions intactes, & la jalouſie des nations qui n'avoient pas eu cet avantage : des forces navales pouvoient ſeules donner de la con-ſiſtance aux colonies naiſſantes, aux colonies même qui avoient fait le plus de progrès. Pour les préſerver de l'invaſion, on conſtruiſit, on arma des flottes. A cette époque remarquable, la politique changea tout-à-fait de face. La terre ſe vit, en quelque manière, ſoumiſe à la mer; & les grands coups d'état furent frap-pés ſur l'océan.

La France, moins accoutumée à ſervir de guide qu'à ſurpaſſer ſes maîtres, la France vit ſans émulation s'élever un nouveau genre de puiſſance. La marine n'entra même pour rien dans les trop vaſtes projets de l'ambitieux Richelieu. Il étoit réſervé au monarque dont il avoit préparé la grandeur de faire reſpecter ſon pavillon dans les deux hémiſphères : mais cette gloire n'eut que peu de durée. Louis XIV ſouleva par ſes entrepriſes tout le continent de l'Europe; & pour réſiſter aux ligues qui s'y formèrent, il lui fallut ſoudoyer des armées innombrables. Bientôt son royaume ne fut plus qu'un camp ; ses frontières ne furent plus qu'une haie de places fortes. Sous ce règne brillant, les ressorts de l'état furent toujours trop tendus. On ne sortoit d'une crise que pour entrer dans une autre. A la fin, le désordre se mit dans les finances; & dans l'impossibilité de suffire à toutes les dépenses, le sacrifice des forces navales fut jugé, mal-à-propos peut-être, indispensable.

Depuis la fin d'un siècle, où la nation soutenoit du moins ses disgraces pour le souvenir de ses succès, en imposoit encore à l'Europe par quarante ans de gloire, chérissoit un gouvernement qui l'avoit honorée, & bravoit des rivaux qu'elle avoit humiliés : depuis cette époque, la France a perdu beaucoup de sa fierté, malgré les acquisitions dont son territoire s'est aggrandi. De longues paix ne l'auroient pas énervée, si l'on eût tourné vers la navigation des forces trop long-tems prodiguées à la guerre : mais sa marine militaire n'a pris aucune consistance. L'avarice d'un ministère, les prodigalités d'un autre, l'indolence de plusieurs; de fausses vues, de petits intérêts; les intrigues d'une cour qui mènent le gouvernement; une chaîne de vices & de fautes; une foule de caufes obfcures & méprifables: tout a empêché la nation de devenir fur mer ce qu'elle avoit été dans le continent, d'y monter du moins à l'équilibre du pouvoir, fi ce n'étoit pas à la prépondérance. Les pertes même qu'elle fit, dans toutes les parties du globe, durant les hoftilités commencées en 1756, les humiliations qu'il lui fallut dévorer à la paix de 1763, ne rendirent pas l'efprit de fageffe au confeil qui la gouvernoit, ne ramenerent pas fes projets & fes efforts au fyftème d'une marine redoutable.

Mais par quelles voyes la France parviendroit-elle à créer, à maintenir des forces navales?

Une premiere opération, fans laquelle les autres feroient inutiles ou funeftes, fera l'encouragement de la navigation marchande. Seule, elle peut former des hommes endurcis aux injures des climats, aux fatigues du travail, aux dangers des tempêtes. Cette vérité, bien fentie, fera fupprimer les innombrables entraves qui jufqu'ici ont exclufivement affuré aux bâtimens étrangers l'exportation des denrées du royaume, qui même leur livrent trop souvent son propre cabotage. On n'affirmera pas qu'un acte de navigation pareil à celui qui a produit la grandeur de l'Angleterre convint à la France : mais du moins cette couronne devroit-elle faire de tels réglemens que ses sujets puffent entrer en partage des bénéfices que les Suédois, les Danois & les Hollandois viennent leur enlever jusques dans ses rades ?

Ce nouvel ordre de choses ne s'établira jamais, si la marine marchande ne sort de l'humiliation où jusqu'ici elle a été malheureusement plongée. La loi veut que nul navigateur ne puisse commander un bâtiment de commerce, sans avoir fait trois campagnes sur un vaisseau de roi ; elle veut qu'après cette épreuve, on puisse le forcer à y servir encore durant la guerre. L'état d'abjection où on le tient dans ce service, écarte nécessairement de la mer les hommes qui ont reçu de l'éducation, qui jouissent de quelque fortune, ou qui se trouvent de l'élévation. Il faut briser ces honteuses chaînes, ou renoncer à l'espoir de voir l'océan se couvrir de nombreux, de riches armemens.

L'oppression sous laquelle on tient les matelots, est un autre obstacle à la multiplication des expéditions. Ces hommes qui contribuent si essentiellement à l'opulence & à la force du royaume, sont tous inscrits sur des regiſtres avec l'obligation de s'embarquer dans les vaiſſeaux de guerre, au premier ordre du miniſtere, pour le tems qu'il veut, & au prix qu'il juge à propos d'y mettre, sans que les talens ni l'âge puiſſent rien changer à la dureté de ces conditions. Lors même que le service public ne les occupe pas, ils ne peuvent diſpoſer de leurs bras & de leur loiſir que de l'aveu d'un agent du gouvernement. Cet eſclavage détourne d'une profeſſion si néceſſaire la plupart de ceux que leur inclination y porteroit, si elle n'étoit pas destructive de toute liberté. Qu'on supprime les claſſes, qu'on en tempere du moins la rigueur, & l'on verra les ports, les côtes de la France se couvrir de navigateurs.

Mais qui les conduira aux combats, à la défenſe de la patrie? Seignelay décida que ce seroit la nobleſſe, & l'on a penſé depuis comme Seignelay. La nature a-t-elle donc excluſivement accordé au gentilhomme une conſtitution phyſique que les climats, la faim, les fatigues ne ſauroient altérer? Lui a-t-elle excluſivement donné l'audace qui fait braver les périls, le fang-froid qui les fait furmonter ? Lui a-t-elle exclufivement départi le génie qui décide & fixe la victoire ? L'opinion, le préjugé donnent, dit-on, aux hommes de cet ordre, une ardeur pour la gloire, une indifférence pour les richeffes qui ne fe trouvent pas dans les autres conditions. Quoi ! ce feroit au fein d'une cour corrompue, dans les décombres d'un château ruiné qu'il faudroit aller chercher de préférence des principes d'élévation ou de défintéreffement ? Ah ! croyez que le fils d'un armateur, dont la fortune a couronné les heureux travaux, & qui ne peut avoir d'ambition que celle d'illuftrer fon nom, n'eft pas moins appellé aux actions mémorables, aux grands facrifices, que ce jeune noble qui s'environne fans ceffe des lauriers de fes aïeux. Depuis quand le titre qu'on a eft-il un aiguillon plus puiffant que le titre auquel on afpire ? Le premier qui mérita la nobleffe, qu'étoit-il avant que de l'avoir obtenue ? Mettez à fa place un de fes illuftres defcendans, & il auroit laiffé roturiers fes enfans & fes neveux. La véritable nobleffe étoit dans le fang & dans la deftinée avant que d'exifter fur un parchemin. Il faut du

bonheur

bonheur & du mérite ; du bonheur qui nous présente aux grandes occasions ; du mérite qui nous y fasse répondre. Tous ceux qui dans les siecles passés se sont anoblis ; tous ceux qui s'anobliront dans les siecles à venir, ont prouvé & prouveront que le ciel ouvre ces deux grandes voies à un petit nombre d'hommes, & qu'il est aussi facile d'avoir l'ame haute sous un vêtement bourgeois, que l'ame basse sous un cordon. Le courage, la vertu & le génie sont de toutes les conditions. Mais voulez-vous savoir de bonne foi ce qui en est ? Ouvrez indistinctement la carriere à tous ceux qui auront reçu une éducation honnête. Qu'ils soient embarqués sur des vaisseaux de guerre ; qu'ils fassent quelques campagnes sous des chefs expérimentés ; qu'ils soient assujettis à tous les travaux, à toutes les privations qu'exige une profession si difficile. Après ces épreuves, vous admettrez dans la marine royale les éleves qui auront montré le plus de vigueur, d'intelligence, de courage & d'émulation.

La beauté d'un art qui fait quelquefois maîtriser les élémens ; les avantages d'un métier où les occasions sont plus fréquentes,

& dans lequel la gloire eſt individuelle dès qu'on eſt appellé au commandement du plus petit bâtiment : ces raiſons les pouſſeront à étudier, à réfléchir, ſur-tout à deſirer de pratiquer ſans ceſſe : car c'eſt dans ce métier que la théorie la plus ſavante a beſoin d'être accompagnée de la pratique la plus continuelle. Soit dans les combats, ſoit dans la ſimple navigation, les réſolutions doivent être ſi promptes qu'elles paroiſſent plutôt l'effet du ſentiment que celui de la réflexion. L'homme de mer a ſur-tout beſoin de ces penſées déciſives, de ces illuminations ſoudaines, comme les avoit ſi bien définies un orateur ſublime dans l'éloge d'un grand capitaine ; & ces coups d'inſtinct & de talent, pour parler un langage moins élevé, doivent plus ſouvent être le partage de la pratique, que celui de la théorie.

Une pratique continuelle ! que ce mot eſt étranger à la marine de France. Des armemens découſus. Des campagnes d'un jour, où l'on voit en ſortant du port le jour qu'on doit y rentrer. Des côtes que l'on parcourt avec auſſi peu d'attention que les pays où l'on voyage en poſte. Des colonies d'où l'on part aussi étranger qu'on y est arrivé. Des missions où l'on ne porte que des idées d'un prompt retour, & où l'on a les yeux & le cœur constamment tournés vers ses habitudes. Des vaisseaux que l'on envisage comme des prisons, & que l'on quitte avec transport sans en connoître ni les défauts, ni les qualités. O François! ô mes concitoyens! voilà dans la plus exacte vérité, voilà quel a été jusqu'ici le déplorable emploi des forces navales de votre patrie.

A ces armemens successifs de quelques frégates isolées, dont la mission passagère n'est d'aucune utilité réelle, substituez des escadres permanentes durant trois ans ou plus dans tous les parages de l'ancien & du Nouveau-Monde, où vous avez des établissemens, où vous faites un grand commerce. Que ces croisieres instructives occupent constamment la moitié de vos bâtimens inférieurs, & quelques vaisseaux de ligne. Alors les officiers qui ne tiennent à leur état que par la facilité de n'en pas remplir les devoirs, prendront le parti de se retirer. Alors ceux qui persévéreront dans ce métier périlleux & honorable, acquerront des lumieres, de l'expérience, l'amour d'un élément où ils doivent trouver leur gloire & leur fortune. Alors des inférieurs jaloux de plaire à des chefs destinés à leur commander long-tems, connoîtront la subordination. Alors les équipages formés avec soin au service & à la manœuvre par des capitaines qui devront recueillir le fruit de tant de peines, se battront avec plus de résolution & plus de capacité. L'Europe a paru étonnée que les François, dignes émules des Anglois au commencement des dernieres guerres, aient perdu avec le tems, cette honorable égalité. Plusieurs causes ont influé dans la révolution. La principale qui n'a pas été apperçue, c'est que les premiers ont eu de nouveaux matelots à chaque campagne, & que leurs rivaux ont conservés les mêmes matelots jusqu'à la fin des hostilités.

L'établissement des stations sera suivi d'autres innovations non moins importantes. Le corps de la marine, actuellement trop nombreux, actuellement surchargé de membres inutiles & oisifs, sera proportionné au nombre des vaisseaux & des armemens. On abolira ces funestes départemens qui excitent des jalousies sans émulation, & qui par des haines héréditaires font fouvent avorter les projets le mieux combinés. L'ordre du tableau, qui, par-tout & dans tous les fiecles a étouffé le génie & les talens, ceffera de préfider aux promotions & aux récompenfes. Dans le trop grand nombre de grades qu'il faut parcourir, plufieurs feront fupprimés; afin qu'il foit poffible d'arriver au commandement, avant l'âge prefcrit par la nature pour le quitter. Si l'on croit devoir conferver les claffes, la direction en fera changée & mieux ordonnée. Les Amiraux dont l'âge, les travaux, les bleffures auront diminué les forces, le courage ou l'activité, compoferont un tribunal qui préfidera au choix des munitions navales à leur conservation & à leur emploi. C'eft lui qui admettra dans le corps, qui décidera des promotions, qui donnera les commandemens, qui réglera les croifieres, qui dirigera, autant qu'il fe peut, les opérations. Tel fera déformais le confeil d'un miniftre, qui étranger à fes fonctions, placé à cent lieues de la mer, livré par goût ou par néceffité aux intrigues d'une cour orageufe, n'a ceffé d'être jufqu'à nos jours le jouet de quelques aventuriers obfcurs, ignorans & intéreffés.

A mesure que les plans de réformation qu'on vient de tracer, s'exécuteront, les vaisseaux qui pourriroient dans l'inaction feront réparés, il en fera construit d'autres. La France se verra dans peu de nombreuses flottes. Mais où trouver des ressources pour les mettre en activité!

Démolissez des édifices trop magnifiques ou inutiles, dont l'entretien devient ruineux. Mettez fin aux infidélités trop ordinaires dans l'achat des munitions navales, à la négligence qu'on a porté jusqu'ici à leur conservation. Renvoyez ces manœuvres désœuvrés que la protection a multipliés sans mesure dans vos arsenaux. Simplifiez la marche de votre administration, en mettant de la justice & de l'exactitude dans vos paiemens. Diminuez les équipages trop nombreux de vos armemens, de l'aveu de tous les gens désintéressés. Réduisez à la demi-solde tous ceux de vos officiers que le service de l'état n'occupera pas à la mer. Bannissez tous les genres de luxe, de délicatesse, de volupté qui énervent vos défenseurs & ruinent vos escadres. Rendez les radoubs, les réparations de vos vaisseaux plus rares. Après ces changemens, les fonds actuellement aſſignés pour la marine, ſe trouveront ſuffiſans pour élever à un degré reſpectable cette branche ſi eſſentielle de votre puiſſance. Il eſt même un moyen très-ſimple de la porter plus haut ſans de nouvelles dépenſes; & le voici.

La France a formé dans le Nouveau-Monde des colonies qui lui envoient chaque année pour cent trente millions de denrées. Un produit ſi conſidérable ne pourroit lui échapper, ſans laiſſer un vuide immenſe dans ſon numéraire, dans ſa population, dans ſon induſtrie, dans ſon revenu public. L'importance de conſerver ces riches établiſſemens a été ſentie; & pour y parvenir, on a eu recours à des bataillons, à des fortereſſes. L'expérience a prouvé la foibleſſe de cette défenſe. Elle appartient à la marine, & ne peut appartenir qu'à elle. Qu'on mette donc les iſles ſous ſes voiles, & qu'on verſe dans ſes caiſſes ce que coûtoit la protection inſuffiſante qu'on leur accordoit: alors les fonds ordinaires de la marine de France ſe trouveront ſuffiſans pour donner à ſes opérations de la dignité & des avantages.

Telle eſt l'eſpérance de l'Europe. Elle ne

croira pas fa liberté affurée jufqu'à ce qu'elle voie voguer fur l'océan un pavillon qui ne tremble point devant celui de la Grande-Bretagne. Le vœu des nations eft maintenant pour la puiffance qui faura les défendre contre la prétention d'un feul peuple à la monarchie univerfelle des mers ; & il n'y a en ce moment que la France qui puiffe les délivrer de cette inquiétude. Le fyftème de l'équilibre ordonne donc que la cour de Verfailles augmente fes forces navales, d'autant plus qu'elle ne le peut fans diminuer fes forces de terre : alors fon influence partagée entre les deux élémens, ne fera plus redoutable fur aucun qu'à ceux qui voudroient en troubler l'harmonie.

Et puiffe avant que je meure, cette grande révolution déja commencée, s'achever à la fuite de quelques-unes des réformes que j'ai indiquées ! Alors j'aurai obtenu la véritable récompenfe de mes veilles. Alors je m'écrierai : Ce n'eft donc pas en vain que j'ai obfervé, réfléchi, travaillé. Alors je m'adrefferai au ciel, & je lui dirai : " A préfent tu peux „ difpofer de moi, car mes yeux ont vu la „ fplendeur de mon pays, & la liberté des „ mers reftituée à toute les nations „.

ADDITION

A L'Histoire des Isles Françoises.

Tabago que la Grande-Brétagne vient de céder à la France, n'eſt ſéparé de l'iſle Eſpagnole de la Trinité que par un canal de neuf lieues. Cette poſſeſſion a dix lieues de long ſur quatre dans ſa plus grande largeur. A ſa côte ſeptentrionale eſt une rade qui a vingt-cinq à trente pieds d'eau, & à ſa côte ſeptentrionale, il en eſt une autre où l'on n'en trouve que vingt ou vingt-cinq. Toutes deux ſont à l'abri de la plupart des vents, avantages dont ne jouit pas celle du ſud. Parmi les monticules qui occupent le centre de l'iſle, il en eſt un plus élevé, dont la couleur noire ou rougeâtre paroît indiquer les débris d'un ancien volcan. Elle n'eſt pas expoſée à ces terribles ouragans qui cauſent ailleurs de ſi grands ravages. Le voiſinage du continent peut lui procurer ce bonheur.

LIX. L'iſle de Tabago, qui occaſionna de grands combats entre les Hollandois & les François devient une poſſeſſion Britannique.

Auſſi Tabago fut-il autrefois extrèmement peuplé, ſelon quelques traditions. Ses habitans y réſiſtèrent long-tems aux attaques vives. & fréquentes des fauvages de la Terre-ferme, ennemis opiniatres, implacables. Enfin laffés de ces incurfions toujours renaiffantes du continent, ils fe difperfèrent dans les ifles voifines.

Celle qu'ils avoient abandonnée, étoit ouverte aux invafions de l'Europe, lorfqu'en 1632 il y débarqua deux cens Fleffinguois, pour y jetter les fondemens d'une colonie Hollandoife. Les Indiens du voifinage fe joignirent aux Efpagnols de la Trinité, contre un établiffement qui leur portoit ombrage. Tout ce qui voulut arrêter leur impétueufe fureur, fut maffacré ou fait prifonnier. Le peu qui fe fauva de leurs mains à la faveur des bois, ne tarda pas à déferter l'ifle.

La Hollande oublia durant vingt ans un établiffement qu'elle ne connoiffoit que par les défaftres de fa naiffance. En 1654, on y fit paffer une nouvelle peuplade. Elle en fut chaffée en 1666. Les Anglois fe virent bientôt arracher cette conquète par les François. Mais Louis XIV content de vaincre, rendit à la république, fon alliée, une ifle qu'elle avoit poffédée. Cet établiffement ne profpéra pas mieux que toutes les colonies agricoles de cette nation commerçante. Ce qui détermine ailleurs tant d'hommes à paſſer en Amérique, n'y a jamais dû pouſſer les Hollandois. Leur métropole offre à l'induſtrie de ſes citoyens toutes les facilités d'un commerce avantageux : ils n'ont pas beſoin de s'expatrier pour faire leur fortune. Une heureuſe tolérance, achetée, comme la liberté, par des fleuves de ſang, y laiſſe enfin reſpirer les conſciences : jamais des ſcrupules de religion n'y réduiſent les ames timorées, à ſe bannir du ſol où le ciel les fit naître. La patrie pourvoit avec tant de ſageſſe & d'humanité à la ſubſiſtance & à l'occupation des pauvres, que le déſeſpoir ne contraint point d'aller défricher une terre accoutumée à dévorer ſes premiers cultivateurs. Tabago n'eut donc jamais plus de douze cens hommes occupés à cultiver un peu de tabac, un peu de coton, un peu d'indigo, & à exploiter ſix ſucreries.

La colonie étoit bornée à cet eſſor d'induſtrie, quand elle fut attaquée par la nation même qui l'avoit rétablie dans ſes droits primitifs de poſſeſſion & de propriété. Au mois de février 1677, une flotte Françoiſe deſtinée à s'emparer de Tabago, rencontra la flotte

Hollandoife qui devoit s'oppofer à cette invafion. Le combat s'engagea dans une des rades de l'ifle, qui devint fameufe par cette action mémorable, dans un fiècle fécond en grands événemens. L'acharnement de la valeur fut tel des deux côtés, que les vaiffeaux étoient fans mâts, fans agrès, fans matelots pour manœuvrer, & qu'on fe battoit encore. La bataille ne finit que quand on vit douze bâtimens brûlés & plufieurs coulés à fond. Les affaillans perdirent moins de monde, & les défenfeurs gardèrent encore l'ifle.

Mais d'Eftrées qui vouloit l'emporter, y defcendit cette même année au mois de décembre. Il n'y avoit plus de flotte pour arrêter ou détourner fes forces. Une bombe lancée de fon camp, alla tomber fur le magafin à poudre. Ce coup ordinairement décifif, mit l'ennemi hors d'état de défenfe : il fe rendit à difcrétion. Le vainqueur avec toute la rigueur du droit de la guerre, non content de rafer les fortifications, réduifit les plantations en cendres, s'empara de tous les navires, & tranfporta les habitans hors de l'ifle qu'il avoit prife. La conquête en fut affurée à la France, par la paix qui fuivit une action où la défaite fut fans honte, & la victoire fans avantage.

La cour de Verfailles négligea cette ifle importante, au point de n'y pas envoyer un feul homme. Peut-être dans l'ivreffe d'une fauffe grandeur, voyoit-elle avec indifférence tout ce qui n'étoit qu'utile. Elle prit même une mauvaife opinion de Tabago, jufqu'à la regarder comme un rocher ftérile. Cette erreur s'accrédita par la conduite des François qui, trop nombreux à la Martinique, fe débordèrent aux ifles de Sainte-Lucie, de Saint-Vincent, de la Dominique. Celles-ci étoient des poffeffions précaires, & d'une qualité médiocre. Les auroit-on préférées à une ifle dont le terrein étoit meilleur & la propriété inconteftable ? Ainfi raifonnoit un gouvernement qui n'avoit pas alors fur le commerce & les plantations des colonies, affez de lumières pour difcerner les vrais motifs du peu de penchant que fes fujets avoient pour Tabago.

Une colonie naiffante, fur-tout quand elle eft fondée avec de foibles moyens, a befoin de fecours immédiats pour fubfifter. Elle ne peut faire des progrès qu'à mefure qu'elle trouve la confommation de fes premières denrées. Celles-ci font pour l'ordinaire d'une espèce commune qui, ne valant pas les frais d'une longue exportation, ne se vend guère que dans les lieux voisins, & doit mener insensiblement par des profits médiocres, à l'entreprise des grandes cultures, qui font l'objet du commerce des Européens avec les Antilles. Or Tabago étoit trop éloigné des grands établissemens François, pour attirer des habitans par cette gradation de succès. On lui préféra des isles moins abondantes; mais plus rapprochées des ressources.

Le néant où tout l'avoit plongée, ne l'avoit pas dérobée à l'œil avide de l'Angleterre. Cette isle orgueilleuse qui se croit la reine des isles, parce qu'elle est la plus florissante de toutes, prétendoit avoir des droits imprescriptibles sur Tabago, pour l'avoir occupée pendant six mois. Ses forces couronnèrent ses prétentions, & la paix de 1763 justifia le succès de ses armes.

LX.
Plan de défrichement pour les isles d'Amérique.

Presque toutes les propriétés des Antilles devinrent le tombeau de leurs premiers colons qui, agissant au hasard dans des temps d'inexpérience, sans aucun concours de leur métropole, faisoient autant de fautes que de pas.

Leur avidité méprifa la pratique des naturels du pays qui, pour diminuer la trop grande influence d'un foleil éternellement ardent, féparoient les petites portions de terrein qu'ils étoient forcés de défricher par de grands efpaces couverts d'arbres & d'ombre. Ces fauvages inftruits par l'expérience, plaçoient leurs logemens au milieu des bois, dans la crainte des exhalaifons vives & dangereufes qui fortoient d'une terre qu'ils venoient de remuer.

Les deftructeurs de ce peuple fage, preffés de jouir, abandonnèrent cette méthode trop lente; & dans l'impatience de tout cultiver, ils abattirent précipitamment des forêts entières. Auffi-tôt des vapeurs épaiffes s'élevèrent d'un fol échauffé pour la première fois des rayons du foleil. Elles augmentèrent à mefure qu'on fouilla les champs, pour les enfemencer ou pour les planter. Leur malignité s'introduifit par tous les pores, par tous les organes du cultivateur, que le travail mettoit dans une tranfpiration exceffive & continuelle. Le cours des liqueurs fut intercepté; tous les vifcères fe dilatèrent, le corps enfla, l'eftomac ceffa fes fonctions. L'homme mourut. Echappoit-on aux ardeurs peſtilentielles du jour, la nuit on reſpiroit la mort avec le ſommeil, dans des cabanes dreſſées à la hâte au milieu des terres défrichées, ſur un ſol dont la végétation trop active & malſaine, conſumoit les hommes avant de nourrir les plantes.

D'après ces obſervations, voici le plan qu'il ſeroit bon de ſuivre dans l'établiſſement d'une colonie nouvelle. En y arrivant, nous examinerions quels ſont les vents qui règnent le plus dans l'archipel de l'Amérique, & nous trouverions qu'ils y ſont réguliers du ſud-eſt au nord-eſt. Si nous avions la liberté du choix, ſi la nature du terrein n'y mettoit point d'obſtacle, nous éviterions de nous placer ſous le vent, de peur qu'il n'apportât continuellement dans notre ſein la vapeur des terres nouvellement défrichées, & n'infectât par l'exhalaiſon des plantations neuves, une plantation qui ſe ſeroit purifiée avec le tems. Ainſi nous devrions fonder notre colonie au vent de tous les pays, qu'il s'agiroit de mettre en culture. D'abord on conſtruiroit dans les bois tous les logemens, autour deſquels nous ne laiſſerions pas couper un ſeul arbre. Le

ſéjour

féjour des bois eft fain. La fraîcheur qu'ils confervent même pendant la plus grande chaleur du jour, empêche cette furabondance de tranfpiration, qui fait périr la plupart des Européens, par la féchereffe & l'acrimonie d'un fang inflammable & dépouillé de fon fluide. On allumeroit du feu pendant la nuit dans les cafes pour divifer le mauvais air qui pourroit s'y être introduit. Cet ufage établi conftamment dans certaines parties de l'Afrique, auroit en Amérique l'effet qu'on doit en attendre, eu égard à l'analogie des deux climats.

Ces précautions prifes, nous commencerions à abattre le bois, mais à l'éloignement de cinquante toifes au moins des cabanes. Lorfque la terre feroit découverte, les efclaves feroient envoyés au travail à dix heures du matin feulement, c'eft-à-dire, après que le foleil auroit divifé les vapeurs, & que le vent les auroit chaffées. Les quatre heures perdues depuis le lever du jour, feroient plus que compenfées par l'activité des cultivateurs dont on ménageroit les forces, & par la confervation de l'efpèce humaine. On continueroit cette attention, foit qu'il fallût défricher les terres ou les enfemencer, jufqu'à ce que le fol purgé, bien confolidé, permit d'y établir les colons, & de les occuper à toutes les heures du jour, fans avoir rien à craindre pour leur fûreté. L'expérience a juftifié d'avance la néceffité de toutes ces mefures.

LXI. *Malheurs arrivés aux Anglois à Tabago, pour s'être écartés des maximes que nous venons de tracer.*

Pour n'avoir pas fuivi la route que nous venons de tracer, les Anglois & leurs efclaves périrent en foule à Tabago, quoique venus la plupart enfemble des colonies voifines. Eclairés par ce défaftre, ils fe placèrent au-deffus du vent, & la mort ceffa fes ravages. L'ufage où eft le gouvernement Britannique de vendre le fol de fes ifles & les formalités inféparables d'un pareil fyftème, retardèrent la formation d'un établiffement qu'avec des maximes moins fages peut-être, on auroit commencé immédiatement après la paix. Ce ne fut qu'en 1766 que furent adjugés quatorze mille acres de terre, divifés en portions de cinq cens acres chacune. De nouvelles adjudications furent faites dans la fuite: mais il ne fut jamais permis à aucun cultivateur d'acquérir plus d'un lot.

L'ifle, dont les terres fe font trouvées trop fabloneufes, n'eft encore habitée que par quatre cens blancs & huit mille noirs. Ils ont été arrêtés au commencement de leur carrière par les fourmis, qui ont dévoré la plus grande partie des cannes déja plantées. Les quarante mille quintaux de sucre que rendoient trente habitations, ont été réduits à la moitié. Le vuide a été rempli par le coton, dont on récolte huit cens mille livres pefant, & par l'indigo dont on obtient douze mille livres.

F I N.

www.ingramcontent.com/pod-product-compliance
Lightning Source LLC
Chambersburg PA
CBHW070457170426
43201CB00010B/1379